Hermann Priebe

Die subventionierte Naturzerstörung

Plädoyer für eine neue Agrarkultur

Ein Siedler Buch bei Goldmann

Originalausgabe

Der Goldmann Verlag
ist ein Unternehmen der Verlagsgruppe Bertelsmann

Made in Germany · 7/90 · 1. Auflage
© 1990 by Wilhelm Goldmann Verlag, München
Umschlaggestaltung: Werner Rebhuhn
Gesamtherstellung: Elsnerdruck, Berlin
Verlagsnummer: 12804
Lektorat: Diane von Weltzien
Herstellung: Barbara Rabus
ISBN 3-442-12804-8

Inhalt

Einführung

Das ist eine neue Situation in der Menschheitsgeschichte: Wir sind von den Sorgen um die Ernährung befreit, die unsere Vorfahren über alle Zeiten hinweg bedrängt haben. Unsere Tische sind reichlich gedeckt, wir können vom Besten aus aller Welt wählen.

Aber der Preis dafür ist hoch, wir bezahlen diese Fülle mit einer zunehmenden Zerstörung von Natur und Umwelt und der einzigartigen europäischen Landkultur. Was hier in der Landwirtschaft geschieht, ist zwar weniger spektakulär als das wachsende Ozonloch, das Unglück von Tschernobyl oder das Robbensterben in der Nordsee. Aber es ist langfristig um so folgenschwerer, zumal es immer noch nicht ernst genommen und sogar durch agrarpolitische Maßnahmen weiterhin kräftig gefördert wird.

Da vollzieht sich ein schleichender, für viele kaum sichtbarer Prozeß der Zerstörung unserer natürlichen Lebensgrundlagen wie im Abbuchungsverfahren: Manche merken es kaum, andere meinen, ihr Konto sei groß genug. Aber während wir friedlich tafeln, geht draußen der Tod unter den Pflanzen- und Tierarten um, nimmt die Vergiftung von Boden und Grundwasser, die Belastung unserer Nahrungsmittel mit Fremdstoffen zu, verwandeln sich blühende Landschaften unserer Heimat in öde, monotone Produktionsgebiete. Und die Agrarpolitik hat jetzt mit der »Strukturwandlung« zur letzten Flurbereinigung angesetzt: Nach den aussterbenden Arten, Hecken und Bäumen stehen nun die letzten Bauern auf der Roten Liste, industrialisierte Betriebe sorgen dann für unsere Ernährung, und Großkonzerne liefern uns ein europäisches Einheitsmenü – die Chemie macht's möglich.

Agrarökonomen sprechen von »Sachzwängen«, aber hinter ihrer technischen Rationalität werden alle anderen Probleme ausgeklammert. Im Mittelpunkt steht der Gewinn des »unternehmerischen« Einzelbetriebes, nicht die Gesamtstruktur. Darüber ist der Sinn für die natürlichen Grundbedingungen unseres Lebens und unserer Kultur verlorengegangen, sind Moral und Ethik gegenüber den Tieren als unseren Mitgeschöpfen auf der Strecke geblieben. Alles führt in eine große Leere.

Aber das nicht genug: Wir lassen uns den Ausverkauf der Natur auch einiges kosten und vergeuden für die zu hohen Produktionsmengen viele Milliarden. Alle Aufwendungen von Bund, Ländern und der EG für die deutsche Landwirtschaft sind zusammen höher als die Einkommen aller Landwirte. Und hier beginnt die große Lebenslüge unserer Agrarpolitik in der geschickten Steuerung der Gelder: Sie fließen vorwiegend dem Agrobusiß und den wohlhabenden größeren Landwirten zu und begünstigen dort spezialisierte, umweltschädigende Produktionsformen, während gerade diejenigen Bauern auf der Strecke bleiben, die noch naturgerecht wirtschaften. Die Hintergründe dieser unehrlichen Politik sind ein Geheimnis des Bauernverbandes.

In der agrarpolitischen Diskussion herrscht noch immer vollständige Verwirrung: Politiker und Interessenten sind um Fortsetzung der verfehlten Politik bei Verdrängung widersprechender Tatbestände bemüht, agrarpolitische Oppositionsgruppen kämpfen für die Existenzsicherung bäuerlicher Kleinbetriebe, Naturschutzverbände für umweltgerechte Wirtschaftsformen, die Verbraucher sorgen sich um den Gesundheitswert der Nahrungsmittel, Wissenschaftler hoffen, die Verschwendung öffent-

8

licher Mittel durch mehr Marktwirtschaft zu beenden. Die Agrarpolitik ist zum Krisenmanagement geworden und führt in zunehmende Konflikte zwischen ihren Zielen und Maßnahmen.

Unser Verhalten im Umgang mit der Natur ist eine Überlebensfrage für uns alle, nicht allein für die Bauern. Agrarproduktion bleibt im Gegensatz zur Industrie an biologische Vorgänge gebunden. Die industrialisierte Großlandwirtschaft in Osteuropa war ein krasser wirtschaftlicher Mißerfolg, und nun werden auch ihre dramatischen Umweltzerstörungen offenbar.

Westeuropa sollte das als Warnung erkennen. Wir können die Natur nicht beherrschen, vielmehr stehen die Landwirte vor der Aufgabe, sich in ihre Gesetzmäßigkeiten einzufühlen und sie als Mitproduzenten zu gewinnen. Das heißt jedoch nicht Rückkehr zu den vermeintlichen Idyllen von vorgestern, sondern es gilt, mit den technischen Mitteln unserer Zeit eine neue Agrarkultur zu entwickeln.

Wir stehen in dem Prozeß des Umdenkens, hin zu einer globalen Überlebenspolitik der Menschheit, in einer einzigartigen Situation, für die es keine historischen Erfahrungen gibt. Der Landwirtschaft ist darin eine zentrale Aufgabe gestellt, die zugleich ihre große Chance ist.

Daraus ist auch der geistige Standort dieser Schrift zu erkennen. Der Verfasser will als Wissenschaftler aus einer neutralen Position heraus zur Bewußtseinsbildung für unsere Situation beitragen und nicht für bestimmte Interessen eintreten. Er wendet sich damit an alle, die weder vor unbequemen Erkenntnissen zurückschrecken noch im Gefühl der Ohnmacht gegenüber einer zwangsläufigen Entwicklung resignieren, die vielmehr erkennen, daß wir alle eine Mitverantwortung tragen. Das ist zugleich ein Anruf an die junge Generation, der wie nie zuvor faszinierende Aufgaben gestellt sind.

Der Verfasser ist dankbar für vielseitige Erkenntnisse, die er auf den verschiedenen Wegen seines Lebens gewinnen konnte, in der Zusammenarbeit mit Bauern, im Bereich der Politik, in fachübergreifenden wissenschaftlichen Diskussionen und nicht zuletzt über mehr als drei Jahrzehnte in der Arbeit seines Institutes für ländliche Strukturforschung an der Universität Frankfurt. Er hat der Zusammenarbeit mit wissenschaftlichen Kollegen und Mitarbeitern wertvolle Anregungen zu danken, in vielen Diskussionen seine Anschauungen festigen können und fühlt sich zu besonderem Dank den Mitarbeitern des Institutes verpflichtet, in der Entstehungszeit dieser Schrift vor allem den Herren Heino von Meyer und Karlheinz Knickel sowie Frau Annegret Grafen.

Hermann Priebe
Frankfurt/M., Januar 1990

Rückschau auf die Anfänge

Die Weltlandwirtschaft von heute bietet ein buntes Bild voller Gegensätze: unterschiedliche Klimabedingungen und Lebensformen und eine große Spannweite ganz verschiedener Wirtschaftsstrukturen und Techniken, von den Nomaden und traditionellen Kleinbauern mit dem Grabstock in der Dritten Welt bis zur industrialisierten Großlandwirtschaft in der Sowjetunion, und über allem ein bedrückender Gegensatz zwischen Überfluß und Hunger.

Jeder Rundblick zeigt uns die *Abhängigkeit der Völker von der Natur*, die bei der Entwicklung der Landwirtschaft beachtet werden muß. Mängel der Nahrungsversorgung bestehen nicht nur in Ländern mit archaischer Agrartechnik, sondern auch bei höchstem Einsatz moderner Maschinentechnik in der Sowjetunion, wo es jetzt nun auch erlaubt ist, auf die dramatischen Umweltschäden dieser Agrartechnik hinzuweisen. Und überall in der Welt finden wir Wüsten und Ruinen in Gebieten einstiger Hochkulturen und erkennen, welche große Bedeutung für das Leben der Völker die Anpassung an die Natur hat. Ihre Zerstörung fand früher in langen geschichtlichen Prozessen statt, deren Ursachen für uns kaum noch erkennbar sind. Dagegen benötigen wir heute mit unseren technischen und chemischen Mitteln weit weniger Zeit für die Naturzerstörung.

Näher betrachtet wird die *Übergangsposition unserer westeuropäischen Landwirtschaft* deutlich: Während die von Karl Marx erträumte »höhere Synthese von Agrikultur und Industrie« ein wirtschaftlicher und zugleich ökologischer Mißerfolg war, wurde die Entwicklung in Westeuropa nicht abgebrochen, sondern zunächst aus der bäuerlichen Landwirtschaft mit Selbständigkeit und Einfühlungsvermögen in die Naturvorgänge weitergeführt. Aber auch hier stehen wir am kritischen Umschlagpunkt: Unsere Landwirtschaft beginnt, sich mit intensivem Einsatz chemischer Mittel, mit Monokulturen und Massentierhaltungen von den alten Erfahrungen zu lösen, die bäuerliche Kultur aufzugeben, unser Land zu veröden und unsere natürlichen Lebensgrundlagen zu zerstören.

Organische Entwicklung

Ein Rundblick auf die Agrarstrukturen der Welt von heute ist zugleich ein Rückblick auf die Jahrtausende unserer Entwicklung. Letzte Reste archaischer Lebensformen finden wir heute noch in sehr dünn besiedelten Gebieten in Afrika und Asien. Dort leben, wie in vorgeschichtlicher Zeit, wenige Menschen als Sammler, Jäger und Hirten von dem, was die Natur bietet. In den größten Teilen der Welt veränderten sich die Voraussetzungen dafür aber schon vor Jahrtausenden: Mit dem Wachstum der Bevölkerung reichte nicht mehr aus, was den Menschen aus der Natur zuwuchs. Die Vertreibung aus dem Garten Eden mag daran eine Erinnerung sein.

Es begann die *Periode der planmäßigen Bodenkultur*. Die Masse der Bevölkerung mußte für das Existenznotwendige harte Arbeit leisten – im Schweiße ihres Angesichts. Aus der Verbindung von Ackerbau und Tierhaltung entstand der bäuerliche Betrieb, zugleich als Wirtschafts- und Lebensform der Familie. Bei guter Bodenpflege kam es über die Selbstversorgung hinaus zu ersten Überschüssen für gehobene soziale Schichten. Damit wurde die bäuerliche Wirtschaft über die Jahrtausende hinweg zur breiten Basis aller geschichtlichen Hochkulturen. Diese traditionelle Struktur, mit etwa Dreiviertel der Bevölkerung im bäuerlichen Bereich, finden wir noch heute in weiten Teilen der Welt, von Ostasien bis nach Afrika.

Die großen kulturellen und politischen Leistungen des mittelalterlichen Europa wurden von einer *breiten bäuerlichen Kultur* getragen, die in der Pflege von Natur und Landschaft und in der Verbesserung der Bodenfruchtbarkeit Auftrag und Verpflichtung sah. Doch stets blieb das Leben der Völker von der Sorge um ausreichende Nahrungsmittel überschattet, und zu allen Zeiten drohten bei ungünstiger Witterung Mangelperioden. So befaßten sich schon in der Antike die größten Denker mit der rechten Agrarkultur, und mit dem Wachstum der Bevölkerung mußte man an die Erschließung neuer Lebensräume denken. So war Agrarpolitik auch weitgehend Raumpolitik und auf die Sicherung genügender Bodenflächen und ausreichender Hände zu ihrer Bewirtschaftung gerichtet.

In der europäischen Landwirtschaft begann im 18. Jahrhundert auf den gegebenen Flächen eine neue Periode der *inneren Erschließung*: Möglichkeiten zur Produktionssteigerung kamen mit neuen Pflanzen wie Kartoffeln, Rüben und Klee nach Europa, Fruchtwechsel und bessere Fütterung ermöglichten wachsende Viehbestände und wiederum eine bessere Düngung, organische Nährstoffkreisläufe förderten die Bodenfruchtbarkeit. Die Steigerung der Agrarproduktion galt nun als besondere nationale Leistung (der schlesische Landwirt Schubart, der den Klee einführte, wurde vom Kaiser in den erblichen Adelsstand eines Ritters Schubart von Kleefeld erhoben). Und der Umschwung im Denken wird auch in einem Wort des alternden Friedrich II. von Preußen deutlich: »Wem es gelingt, dort, wo bisher nur ein Halm wuchs, künftig zwei Halme wachsen zu lassen, der hat für sein Volk mehr getan als der größte Feldherr.«

Für die weitere Entwicklung im 19. Jahrhundert bildete der *bäuerliche Familienbetrieb* die Grundlage. Am Anfang des Jahrhunderts war die Befreiung der Bauern aus den engen Bindungen der Feudalverfassung ein Kernstück der großen Sozialreformen auf allen Gebieten. Sie galt als »Forderung der Gerechtigkeit« und sollte den Grundbesitzern ein »lebendiges Interesse für die Kultur der Grundstücke« geben, wie es im Edikt des Freiherrn vom Stein in Preußen hieß.

Die *Bauernbefreiung* war die Geburtsstunde des bäuerlichen Betriebes von heute, der auf der Sicherheit des Besitzes, der Eigenverantwortung und wirtschaftlichen Selbständigkeit beruht. Auf dieser Basis entstand auch das bäuerliche Berufsethos, das Gefühl verpflichtender Aufgaben für die Allgemeinheit, zugleich in der Bewahrung der Lebensgrundlagen über die Generationen hinweg. Die Bauern sind damit oft als unökonomisch mißverstanden worden, doch in ihrem Bemühen um dauerhafte, naturgemäße Wirtschaftsmethoden betrieben sie praktisch eine Langzeitökonomie. Heute besteht die Gefahr, daß über den Regeln des kurzfristigen Finanzhaushaltes die uns vorgegebenen langfristigen Regeln des Naturhaushaltes mißachtet werden.

Die Entwicklung der bäuerlichen Landwirtschaft verlief in den nahezu 150 Jahren bis zum Zweiten Weltkrieg wie das *Lehrstück einer organischen Entwicklung*. Um 1800 waren die Bauern noch überwiegend Selbstversorger, ihre Ernten lagen kaum über den heutigen in der Dritten Welt, und ihre Kühe gaben jährlich wenige hundert Liter Milch. Die bäuerlichen Betriebe wuchsen dann schrittweise in die Arbeitsteilung und Marktwirtschaft hinein, sie gaben frühere Funktionen der Eigenbedarfsherstellung und auch Arbeitskräfte aus ihrem natürlichen Bevölkerungszuwachs an die neu entstehende gewerbliche Wirtschaft ab. Deren

Aufschwung schaffte andererseits wachsende Nachfrage nach Agrarprodukten und lieferte den Landwirten einfache Produktionsmittel und Gebrauchsgüter.

Dabei wirkte die *aufkommende Technik* zunächst mehr von außen: in der gewerblichen Wirtschaft, die der Landwirtschaft frühere Aufgaben wie Spinnen und Weben, die Beschaffung von Material für Heizung und Beleuchtung, später die Verarbeitung ihrer Produkte in Brauereien, Molkereien und Zuckerfabriken abnahm. In die Landwirtschaft drang die Maschinentechnik in aller Breite erst viel später ein, mit einer langen zeitlichen Phasenverschiebung gegenüber der Industrie. Noch bis nach dem Zweiten Weltkrieg basierte die Landwirtschaft weitgehend auf menschlicher und tierischer Muskelkraft.

So begann mit der Bauernbefreiung eine *lange Periode stetiger Entwicklung* der bäuerlichen Landwirtschaft ohne wesentliche Strukturveränderungen. Dabei blieb die deutsche Agrarbevölkerung nahezu unverändert: Die Abwanderung vom Lande betraf nur den natürlichen Bevölkerungszuwachs. In den nahezu 150 Jahren bis zum Zweiten Weltkrieg führte die Zunahme der Gesamtbevölkerung von rund 24 auf 70 Millionen zu einer Verminderung des Anteiles der landwirtschaftlichen Erwerbspersonen von rund 75% bis auf 25% im Jahre 1939, die häufig als »Landflucht« mißverstanden wurde. Doch absolut traten seit 1882, als die erste große Volks- und Berufszählung in Deutschland durchgeführt wurde, in der Anzahl der landwirtschaftlichen Erwerbspersonen um 30 je 100 Hektar (1 qkm) landwirtschaftlicher Nutzfläche kaum Veränderungen ein. Und die biologischen Fortschritte, die sich vor allem in verbessertem Saatgut, neuen Pflanzen und damit stärkerem Fruchtwechsel ausdrückten, kamen bei nahezu unveränderten Arbeitsverfahren allen Betriebsgrößen zugute. Bei wachsender Marktleistung nahm sogar die Anzahl der bäuerlichen Betriebe in der Größenordnung unter

20 Hektar bis zum Jahre 1925 zu und blieb dann bis 1949 unverändert.

Das *Produktionsvolumen* der deutschen Landwirtschaft stieg in 150 Jahren langsam, aber stetig. Bis zum Ende des 19. Jahrhunderts war die Bruttobodenproduktion pro Hektar reichlich verdoppelt, bis zum Zweiten Weltkrieg wurde eine Steigerung bis auf das Vierfache erreicht. Das war fast ausschließlich eine *Folge biologischer Fortschritte* in Verbindung mit der Stärkung innerbetrieblicher Nährstoffkreisläufe. Ein zunächst bescheidener Einsatz von Handelsdünger im Sinne von Liebig begann Ende des Jahrhunderts, größere Betriebe fingen auch mit der Mechanisierung von Pflug- und Erntearbeiten an, um Arbeitsspitzen zu bewältigen. Doch die wichtigste Kraftquelle der Landwirtschaft war nach wie vor die menschliche und tierische Eigenenergie.

So blieb trotz der stürmischen Veränderungen auf allen Gebieten die *bäuerliche Struktur unverändert* erhalten, und auch die Arbeitsverfahren unterschieden sich lange Zeit hindurch in den verschiedenen Betriebsgrößen kaum voneinander. Während ringsum Großstädte und Industriereviere wuchsen, führten die Bauern wie eh und je den Pflug über die Felder. Dabei konnten sie an den alten Grundsätzen der naturgemäßen Wirtschaftsweise festhalten und doch eine wachsende Bevölkerung ernähren.

Zwei große Kriege machten uns den Wert einer guten Bodenkultur erneut deutlich, und auch nach der Katastrophe des Zweiten Weltkrieges fanden wir noch den ersten Rückhalt in den Bauerndörfern. Das war gewiß kein Leben in einer heilen Welt, aber in einer weitgehend unbeschädigten Natur. Die Bauern konnten ihre Pferde und Rinder einspannen, wie eh und je die Saat einbringen und für die um Millionen vergrößerte Bevölkerung des neuen westdeutschen Staates aus den natürlichen Eigenkräften ihrer Betriebe wieder erste Nahrung schaffen.

Wir ahnten damals noch nicht, daß wir damit das *Ende einer großen geschichtlichen Epoche* erlebten.

Naturgerechte Wirtschaftsweise

Mit welchen Wirtschaftsmethoden konnten die großen Kulturleistungen der traditionellen Landwirtschaft erreicht werden, die auf der *Mobilisierung der Naturkräfte* beruhten?

Lösen wir uns zur Beantwortung dieser Frage zunächst von den heutigen betriebswirtschaftlichen Kriterien und beurteilen den Entwicklungsstand der Betriebe nach ihrer natürlichen Produktivität. Im Vordergrund steht dabei nicht so sehr die Betriebsgröße, sondern weit mehr das Zusammenwirken von natürlichen Produktionsfaktoren, der Böden, Pflanzen und Tiere und der Nährstoffkreisläufe zwischen ihnen. In diesem Sinne galt bis vor wenigen Jahrzehnten auch in der landwirtschaftlichen Betriebslehre noch der »*organische Betriebskreislauf*« als Leitbild. Und dabei ging es – von den Betriebsgrößen unabhängig – um das Ziel, ein optimales Verhältnis der verschiedenen Anbauarten zueinander und im Verhältnis von Pflanzenbau und Tierhaltung zu erreichen, wie es den jeweiligen Boden- und Klimabedingungen entsprach.

Örtliche Rahmenbedingungen dafür sind Sonneneinstrahlung, Luftbewegung, Ausmaß und Verteilung der Niederschläge, Zusammensetzung und Oberflächengestaltung der Böden. Dabei ist die Leistungsfähigkeit der Böden nicht nur von ihrer physikalischen Beschaffenheit abhängig, sondern mehr noch von ihrem Humusgehalt und ihrer Belebung, wie sie durch die Bewirtschaftung erreicht werden.

Das *Entwicklungsniveau eines Betriebes ist primär ein biologisches Problem.* Der Boden hat seine Bedeutung als *Ökosystem*, nicht nur als Standort der Pflanzen: Er ist Vermittler verschiedener Lebensvorgänge, Lebensraum der stoffabbauenden und humusbildenden Organismen und hat Ausgleichsfunktionen im Wärme- und Wasserhaushalt, in der Bodendurchlüftung und dem Transport aller Stoffe beim Abbau und Umbau feiner Bodenteilchen, Pflanzenreste und Düngestoffe sowie dem Neuaufbau von Pflanzen und Kleinlebewesen. Die Bodenbearbeitung hat die Aufgabe, günstige Voraussetzungen für die Lebensvorgänge zu schaffen und einen optimalen Zustand im Bodengefüge zu erreichen – wie ihn früher jeder Lehrling als »Bodengare« kennenlernte –, schon äußerlich an der Krümelstruktur und am Geruch des gepflügten Bodens erkennbar.

Über die Bearbeitung hinaus wird die Bodenfruchtbarkeit durch Zuführung organischer Stoffe zur Humusbildung sowohl aus tierischem Dünger als auch aus Pflanzenresten gefördert. Entscheidend dafür ist die *Fruchtfolge*, der Wechsel von Pflanzen mit verschiedenen Ansprüchen an Nährstoffe, sowie verschiedenen Eigenschaften in der jahreszeitlichen Bedeckung des Bodens, seiner Bewurzelung und Lockerung in den einzelnen Schichten. Ein wichtiger Gesichtspunkt für den Wechsel verschiedener Anbauarten war stets auch die natürliche Bekämpfung der Krankheiten und Schädlinge, das heißt das Einhalten bestimmter jährlicher Pausen im Anbau der Pflanzen, in denen ihre spezifischen Erreger von selbst abstarben. Beispielsweise sprach man von der »Kleemüdigkeit«, wenn Klee vor Ablauf von vier Jahren auf dem gleichen Feld angebaut wurde und bestimmte Sporen nicht abgestorben waren.

Alles in allem entsteht durch die biologisch optimale Bewirtschaftung ein Nährstoffkreislauf in einem feingliedrigen, lebendigen Verbundsystem, das in der natürlichen Selbstregulierung zur Stabilität im Sinne eines dynamischen Gleichgewichtes tendiert. Praktisch heißt das, *Intensivierung der Bewirtschaftung im biologischen Sinne*, nicht Intensivierung, wie sie heute am Einsatz industrieller Produktionsmittel gemessen wird.

So konnte seit Beginn des 19. Jahrhunderts eine beachtliche Steigerung der Produktion durch biologische Fortschritte erreicht werden. In der Dreifelderwirtschaft mit der alten Folge von Sommergetreide, Wintergetreide und Brache wurden nun anstatt der Bodenruhe im dritten Folgejahr neue Pflanzen angebaut wie Kartoffeln, Rüben, Klee und Luzerne, die durch Beschattung und Wurzelbildung günstige Wirkungen auf das Gefüge und die Belebung des Bodens haben. Der vermehrte Anbau von Futterpflanzen machte die Verstärkung der Viehbestände möglich, dadurch standen mehr Kräfte zur Bodenbearbeitung und Dünger zur Humusbildung und Ernährung der Pflanzen zur Verfügung, so daß die Erträge stiegen und wiederum die Viehhaltung nach Anzahl der Tiere und ihrer Leistung verbessert werden konnte. Das war eine mit Hilfe der Sonnenenergie *sich selbst tragende Verstärkung organischer Betriebskreisläufe*, die eine Steigerung der Bruttobodenproduktion der deutschen Landwirtschaft in 150 Jahren auf rund das Vierfache ohne Fremdenergie, allein mit biologischen Mitteln ermöglichte. Dabei war das jeweils richtige Verhältnis von Viehbestand und Fläche das entscheidende Kriterium einer optimalen Wirtschaftsweise. Das ist auch für die Zukunft eine wichtige Erfahrung.

Für diese beachtlichen Kulturleistungen war die bäuerliche Familienwirtschaft die beste Voraussetzung, sowohl durch das Einfühlungsvermögen der überwiegend selbständigen Arbeitskräfte in die Naturvorgänge als auch durch die Elastizität der Arbeitsverfassung, in der Anpassung an die von Wachstum und Witterung bestimmten optimalen Arbeitstermine. Alte Erfahrungen in der Bodenpflege, Auswahl der Pflanzen und in der

Tierhaltung wurden von den Bauern intuitiv weitergegeben und mit der Anpassung an die natürlichen Unterschiede in Boden, Klima und Geländegestaltung die Lebensgrundlagen für eine wachsende Bevölkerung verbessert. Die Reste dieser *bedeutenden Kulturleistungen* erkennen wir heute in dem bunten Bild der einzigartigen europäischen Landschaften vom Atlantik bis zum Mittelmeer. Vielleicht werden uns diese Werte durch ihre gegenwärtige Gefährdung besonders bewußt.

Der große Umbruch

In den fünfziger Jahren begann eine schnelle Veränderung der Agrartechnik und Wirtschaftsweise. In wenigen Jahrzehnten erfolgte eine völlige *Umkehr der Problemstellungen*:

▷ Eine früher ungeahnte Produktionssteigerung hat uns von den Sorgen um die Ernährung befreit.

▷ Aber der Preis dafür ist eine zunehmende Zerstörung unserer natürlichen Lebensgrundlagen.

Das ist eine völlig neue Situation in der Menschheitsgeschichte. Sie wird uns in ihren weitreichenden Wirkungen erst langsam bewußt, so daß die Agrarpolitik weitgehend noch auf den alten Vorstellungen weitergeführt wird und nicht allein die dramatische Verschwendung volkswirtschaftlicher Mittel vergrößert, sondern auch einen Zerstörungsprozeß der Natur beschleunigt. Für die Entwicklung einer neuen Agrarkultur ist keine Zeit mehr zu verlieren.

Veränderung der Arbeits- und Produktionsmethoden

Die ersten agrartechnischen Neuerungen nach dem Zweiten Weltkrieg waren vielversprechend. Der Schlepper fing an, die tierischen Zugkräfte zu ersetzen und machte dadurch erhebliche Flächen für die Nahrungsmittelproduktion frei, die bis dahin für den Futteranbau erforderlich gewesen waren. So stiegen die Markterlöse und Einkommen der Bauern, aber auch die Aufwendungen für technische Hilfsmittel, für Treibstoff und andere Produktionsmittel. Mit dem Verlust ihrer eigenen Antriebskräfte und der Intensivierung ihrer Betriebe verloren die Bauern jedoch auch einen Teil ihrer früheren Unabhängigkeit. Bei zunehmenden Umsätzen wird die *Einkommensbildung mehr von äußeren wirtschaftlichen Faktoren bestimmt*, und die eigene Tüchtigkeit und die besten bäuerlichen Eigenschaften wie Fleiß, Umsicht und Sparsamkeit reichen immer weniger aus, um die Existenz zu sichern. Diese zunehmende Abhängigkeit von äußeren Faktoren mag vielen Bauern zunächst kaum bewußt geworden sein, aber sie ist gewiß eine Hauptursache für die heutige Unruhe und Resignation in der bäuerlichen Jugend.

Die *Arbeitsbedingungen in der Landwirtschaft* fanden jedoch durch die Motorisierung früher kaum vorstellbare Erleichterungen. Die mechanischen Antriebskräfte des Schleppers machten es möglich, für bisher mühevolle Arbeiten Maschinen einzusetzen. So traten an die Stelle harter, eintöniger Arbeit mit krummem Rücken vielseitige, leichtere Tätigkeiten, ohne daß der Bauer dadurch zum Handlanger der Maschinen wurde wie mancher Arbeiter im industriellen Großbetrieb. Der Bauer behielt mehr Selbständigkeit und konnte nun mit weniger körperlicher Mühe wirtschaften, vielleicht auch mit mehr Freude.

Doch hierbei blieb es nicht. Bald kamen die Techniker und Betriebswirte und erklärten, die Bauern hätten mit ihrer traditionellen Wirtschaftsweise bisher zu wenig ökonomisch gehandelt, sie sollten ihre Betriebe mehr auf Produktivitäts- und Gewinnsteigerung ausrichten. Dabei dachten sie weniger in organischen Zusammenhängen als in technischen Kategorien und rieten den Bauern zur Spezialisierung ihrer Betriebe, um den Maschineneinsatz auf größeren Flächen zu verbilligen. Bald kamen auch leistungsfähigere Maschinen, die den Prozeß der Vergrößerung und Spezialisierung weiter vorantrieben.

So begann die *Ausräumung der Landschaft*; Hecken, Feldgehölze und viele kleine, über die Feldmark verstreute Biotope fielen der technischen Rationalisierung zum Opfer. Auch die Lebensräume vieler Wildpflanzen und Tiere wurden dadurch zerstört, durchaus nicht nur Schädlinge. Es entstanden »schleppergerechte« Felder, und es kam zur Verwandlung vielfältiger Kulturlandschaften in monotone Produktionsgebiete. Von der Flurbereinigung wurde das mit staatlichen Mitteln noch kräftig unterstützt.

Auch die Industrie trug mit einem vielfältigen Angebot an *chemischen Hilfsmitteln* zu dieser Entwicklung bei. Unkräuter konnten nun ohne mühseliges Hacken oder Eggen bekämpft, Schädlinge vernichtet und Pflanzenkrankheiten konnte vorgebeugt werden. So glaubten viele, auf den Fruchtwechsel weitgehend verzichten zu können, wie er früher für die biologische Regenerationsfähigkeit erforderlich gewesen war. Ertragreicheres Saatgut machte die Ausnutzung höherer Düngergaben möglich. Und wenn man um die Standfestigkeit des Getreides in Sorge war, bot die chemische Industrie auch dafür die entsprechenden Mittel an. So folgten im Jahreslauf des Bauern viele Gaben von Mineraldünger und chemischen Mitteln zur Bekämpfung von Unkräutern, tierischen Schädlingen und Pflanzenkrankheiten, und die Beratungsstellen der chemischen Industrie hielten fein aufeinander abgestimmte Terminkalender für den Einsatz bereit.

Im Zuge dieser Entwicklung wurde in vielen Betrieben die Tierhaltung eingeschränkt oder ganz aufgegeben. In anderen wurde sie bis zu Großbeständen ausgeweitet, die weitgehend mit industriellem Zukauffutter und weniger auf eigener Futtergrundlage gehalten werden.

Extreme der Entwicklung sind monotone Produktionsflächen und *Massentierhaltungen* mit Tausenden von Schweinen oder Hühnern. Weil alles auf Gewinnmaximierung eingestellt ist, werden die Tiere bei moderner Technik auf engstem Raum gehalten und in ihrer Bewegungsfähigkeit so weit wie möglich eingeschränkt. Die unnatürlichen Haltungsbedingungen erfordern ständige Beigaben von Beruhigungsmitteln. Wachstumsfördernde Mittel und andere Pharmaka kommen hinzu, so daß die Tiere in einer permanenten Drogenszene leben, mit unabsehbaren Auswirkungen auf unsere Gesundheit.

Diese Tierfabriken lassen ein Herabsinken der Humanität erkennen: in der Rücksichtslosigkeit gegenüber den uns Menschen anvertrauten Tieren und in der Zerstörung von Natur und Umwelt aus der Gewinnsucht einzelner. Daß dies von der Gesellschaft als »unternehmerisches Verhalten« hingenommen und agrarpolitisch noch gefördert wird, zählt zu den moralischen Abstumpfungen unserer Zeit.

Wirtschaftliche Leistungen – soziale Verluste

In der Bundesrepublik Deutschland war schon in den fünfziger Jahren wieder ein Marktordnungssystem aufgebaut worden, das der Landwirtschaft Absatzgarantien und feste Preise für ihre Grundprodukte bot. Weitere Maßnahmen förderten die Produktionssteigerung. Mit dem Übergang in die EWG wurde dieses System ausgebaut und durch eine aktive Strukturförderung ergänzt. Im Zusammenwirken der agrartechnischen Neuerungen mit der wachstumsorientierten Agrarpolitik erreichte die Landwirtschaft beachtliche wirtschaftliche Leistungen. Und über alle Fehlentwicklungen hinweg soll auch das Positive nicht übersehen werden: Die Bevölkerung in der Europäischen Gemeinschaft verfügt heute über eine *reichhaltige und vielseitige Versorgung mit Nahrungsmitteln*, wie niemals zuvor in der Menschheitsgeschichte.

Doch der Preis dafür ist hoch, den wir in der unsinnigen Vergeudung volkswirtschaftlicher Mittel und in den Umweltschäden dafür zahlen müssen.

Zunächst wurde die Produktionssteigerung allgemein begrüßt. Hatte die deutsche Landwirtschaft vorher hundert Jahre zur Verdoppelung ihrer Produktion gebraucht, erreichte sie das jetzt in einem Drittel dieser Zeit: Die naturale Nahrungsmittelproduktion stieg in den rund 36 Jahren von 1950 bis 1986/87 von 34 Mio. t auf 74 Mio. t Getreideeinheiten. Größer noch war ihre Steigerung in Geldwerten – in jeweiligen Preisen – von 10 Mrd. DM (1949) auf über 60 Mrd. DM.

In der großen Wachstumsperiode der Gesamtwirtschaft bis zur Mitte der siebziger Jahre war auch der Absatz der Agrarprodukte bei zunehmendem Pro-Kopf-Verbrauch der Bevölkerung sicher. So konnte man die zwei Jahrzehnte von der Mitte der fünfziger Jahre an als das *Goldene Zeitalter der deutschen Landwirtschaft* ansehen. Und die durchschnittlichen Betriebseinkommen je Vollarbeitskraft stiegen vom ersten Agrarbericht 1954/55 an in den 21 Jahren bis 1975/76 auf das Neunfache, der gewerbliche Vergleichslohn dagegen im gleichen Zeitraum nur auf das annähernd Siebenfache.

Leider sind diese großen wirtschaftlichen Erfolge in der Öffentlichkeit nicht bekannt und den Bauern selbst kaum bewußt geworden, da die Bauernverbände auch in dieser Zeit mit den üblichen Klagen die Politik zu beeinflussen suchten. Man wollte dadurch wohl die Agrarminister beim Kampf um Preise und weitere Subventionen in Brüssel stützen, bedachte aber zu wenig, daß durch die unrealistische und *zu negative Einkommensbeurteilung* eine Wachstumspolitik gefördert wurde, die zur Überschußbildung und gerade dadurch zum Preisdruck führen mußte, mit allen unheilvollen Folgen, wie sie nun für die Strukturentwicklung mehr und mehr erkennbar werden.

Zunächst waren die *Strukturveränderungen* nicht nur negativ zu beurteilen, sie wurden jedoch nicht immer richtig interpretiert. Die beliebte Darstellung, daß die Bauern aus Not zur Aufgabe ihrer Betriebe gezwungen waren, vielleicht noch mit dem Seitenhieb, daß sie der Europäischen Gemeinschaft oder den Interessen der Exportindustrie geopfert worden wären, ist grundfalsch. Im Jahre 1949 wurden von der Statistik noch 2 Mio. landwirtschaftliche Betriebe ausgewiesen. Davon hatten 1,5 Mio Bauern weniger als 10 Hektar, drei Viertel waren also überwiegend traditionelle Selbstversorger, die dann im großen volkswirtschaftlichen Wachstumsprozeß der sechziger Jahre lohnende Arbeits- und Verdienstmöglichkeiten außerhalb der Landwirtschaft fanden. Wenn die Anzahl der Betriebe inzwischen auf 647 000 (1989) zurückging, stehen dahinter sehr differenzierte Vorgänge, die durchaus nicht nur negativ zu bewerten sind.

Zunächst wurde Mitte der fünfziger Jahre ein großes Programm zur *Verbesserung der Agrarstruktur* begonnen, um durch Aufstockung zu kleiner Flächen oder Aussiedlung von Bauernhöfen aus beengten Dorflagen leistungsfähige Familienbetriebe zu schaffen. Im gesamtwirtschaftlichen Wachstum fanden viele Bauern auch lohnende Arbeits- und Verdienstmöglichkeiten und wurden von gewerblichen Unternehmen geradezu umworben. Dabei haben sich die Wirtschaftsverhältnisse der Kleinbauern im Vergleich zu denen ihrer Väter gewiß nicht verschlechtert, wenn auch die Aufgabe der bäuerlichen Selbständigkeit mit großen Veränderungen für die Familien verbunden war. Das wurde von den meisten aber um so weniger als großer Einschnitt empfunden, als sie ihren Wohnsitz und meistens auch ihr Haus und damit die heimatliche Umgebung behalten konnten.

Weniger günstig wirkte sich die weitgehende *Aufgabe der landwirtschaftlichen Selbstversorgung* aus. Für die Familien war es eine Schwächung der sozialen Sicherheit, für die Kinder ein

Verlust an Lebenserfahrungen. Man mag einwenden, daß unser soziales Netz allen eine gewisse Sicherheit gibt, aber das ist eine verengte, rein wirtschaftliche Sichtweise: Ein nebenberuflicher Kleinlandwirt behält bei wachsender Freizeit einen Bereich selbstbestimmter Tätigkeit und einen anderen Lebenshintergrund als der Großstädter. Ohnehin sind nebenberufliche Landwirte in weiten Regionen ein wichtiges Element in der Sozialstruktur der Dörfer und erfüllen wesentliche Aufgaben in der Pflege von Umwelt und Landschaft.

Wenn auch viele Familien ihre kleinbäuerliche Existenz durch den Übergang in einen anderen Beruf verbessern konnten, so gingen doch aus der Vielzahl der Entscheidungen zur Aufgabe der Höfe erhebliche *Veränderungen der ländlichen Sozialstruktur* hervor, deren schwerwiegende Folgen uns erst langsam bewußt werden. Teilweise sind früher lebendige Bauerndörfer zu Wohnstandorten geworden, die bisweilen tagsüber fast ausgestorben erscheinen. Die alten Höfe mögen weitgehend erhalten sein, aber ihre Tore sind geschlossen, und das Anstreichen alter Fassaden und Aufstellen von Blumenkübeln im Rahmen des Programmes »Unser Dorf soll schöner werden« können weder den lebendigen Hintergrund der früheren bäuerlichen Arbeitswelt noch den Reichtum der früheren landschaftlichen Vielfalt ersetzen.

So geht es für die Zukunft der ländlichen Räume um die *Frage, welche weitere Entwicklung die Landwirtschaft nimmt.* Die Antwort wird weitgehend von der Agrarpolitik abhängen.

Der agrarpolitische Hintergrund

Die großen Veränderungen der ländlichen Arbeits- und Produktionsmethoden fielen in die Übergangszeit von der nationalen, deutschen zur gemeinsamen, europäischen Agrarpolitik. Als es

1957 zum Abschluß des EWG-Vertrages kam, lebte ganz Europa noch in der Erinnerung an die Hungerzeit nach dem Kriege, und kaum jemand konnte sich vorstellen, daß die neuen agrartechnischen Methoden zu einer so schnellen Produktionssteigerung führen würden.

So wurde in der gemeinsamen Agrarpolitik ein System geschaffen, das für einen Raum geeignet ist, in dem ein *Zuschußbedarf an Agrarprodukten* besteht, und trotz der inzwischen völlig veränderten Voraussetzungen wurde die überfällige Anpassung der Agrarpolitik bis heute versäumt.

Doch schon in der Anfangszeit war der Selbstversorgungsgrad in der Gemeinschaft der sechs Länder höher als in der Bundesrepublik. Zudem bestanden in den anderen Ländern erheblich größere Produktionsreserven und dementsprechend auch andere agrarpolitische Systeme und Interessen. Erste Aufgabe war, diese in der gemeinsamen Agrarpolitik auf einen Nenner zu bringen.

Frankreich hatte für die weitere Entwicklung eine Schlüsselstellung: Es verfügte über fast die Hälfte der gesamten landwirtschaftlichen Nutzfläche der EG und pro Kopf der eigenen Bevölkerung über fast die dreifache Nahrungsfläche wie Deutschland. Um diese großen Produktionsreserven nicht zu mobilisieren, hatte Frankreich eine sehr vorsichtige Preispolitik getrieben. In der EG war das Land nun aber bei doppelt soviel landwirtschaftlichen Erwerbstätigen wie in Deutschland bemüht, ein größeres Absatzgebiet für seine zunehmende Produktion zu finden.

Die *Niederlande* hatten sich schon früher auf die Modernisierung ihrer bäuerlichen Landwirtschaft konzentriert und in diesem Sinne das Schwergewicht auf den Export tierischer Veredlungsprodukte und die Schaffung hervorragender Vermarktungseinrichtungen gelegt. Auf der Grundlage dieser Erfahrungen konnte das Land die tierische Produktion weiter intensivieren, bis es jetzt durch zunehmende Belastungen von Umwelt und Grundwasser an die Grenzen dieser Politik stößt.

Italien hatte zu Beginn der EWG mit gut einem Drittel den höchsten Anteil an Erwerbspersonen in der Landwirtschaft. Andererseits begünstigt das südliche Klima die intensive Produktion von Sonderkulturen wie Wein, Obst, Gemüse und Oliven. Infolgedessen war die italienische Politik um einen zunehmenden Absatz dieser Produkte im Gemeinsamen Markt bemüht.

So verbanden diese drei wichtigen Agrarproduzenten mit ihrem Eintritt in die EWG das Ziel, ihre großen Produktionsreserven durch eine absatzoffensive Agrarpolitik zu nutzen. Überall sah man der gemeinsamen Agrarpolitik mit großen Erwartungen entgegen.

Nur in der *deutschen Landwirtschaft* mit ihren hohen Preisen und Schutzmaßnahmen war die Stimmung gedämpfter. In nahezu hundert Jahren Protektionspolitik hatte sich die Sorge mangelnder eigener Wettbewerbsfähigkeit unter den deutschen Landwirten fest verankert. Daher stand man in Abwehrstellung zum freien Warenaustausch im größeren Markt und war bemüht, das deutsche Agrarschutzsystem und vor allem Agrarpreisniveau in die Gemeinschaft zu übertragen. So trat die Bundesrepublik zwar als Befürworter der sozialen Marktwirtschaft, aber zugleich als Promotor der Agrarprotektion in die EWG ein. Die deutsche Politik, die bis heute unter diesem Zwiespalt leidet, hat dadurch wesentlich zu den Fehlentwicklungen der gemeinsamen Agrarpolitik beigetragen.

Der EWG-Vertrag enthielt in Artikel 39 fünf Ziele der gemeinsamen Agrarpolitik, deren gleichwertige Beachtung in einem dirigistischen System zu Konflikten führen muß. Das galt vor allem für die Ziele Steigerung der Produktivität, Erhöhung der Einkommen und Stabilisierung der Märkte. Im Hinblick darauf wurden bereits 1958 bei der ersten *Agrarkonferenz in Stresa* Warnungen vor der Gefahr einer Überproduktion laut und zwei wichtige Forderungen erhoben: Erstens sollte im gemeinsamen Agrarmarktsystem die laufende Anpassung an die Marktlage möglich bleiben, und zweitens sollte die Lebensfähigkeit der ländlichen Räume nicht allein von der Landwirtschaft, sondern von vielfältigen Beschäftigungsmöglichkeiten aus verbessert und durch eine aktive Regionalpolitik gefördert werden.[1]

Die ersten Vorschläge der EG-Kommission für die gemeinsame Agrarpolitik gingen von *drei Grundprinzipien* aus: erstens einer Präferenz der Eigenproduktion nach außen durch das Abschöpfungssystem, das heißt Anhebung der Importe auf festgelegte Mindestpreise; zweitens Freiverkehr mit Agrarprodukten im Innern bei Absatzgarantien zu bestimmten Preisen, die jährlich vom Agrarministerrat festgelegt werden; drittens Finanzierung aller durch die Agrarpolitik entstehenden Kosten durch einen gemeinsamen Agrarfonds in Brüssel.

In der anschließenden Diskussion wurden die Gefahren dieses Systems bei Ausweitung der Absatzgarantien und der Doppelfunktion der Preise bald erkennbar. Ihre Wirkung auf das Marktgleichgewicht und die Einkommen der Landwirte muß um so mehr zu Konflikten führen, als ihre Festlegung durch politische Gremien ohne Rücksicht auf das Marktgleichgewicht erfolgt. Dabei gerieten die Agrarminister bei den jährlichen Preisfestsetzungen zunehmend in Versuchung, Gefälligkeitsentscheidungen zugunsten ihrer Landwirte zu treffen, da die dadurch entstehenden Kosten für Überschüsse nicht aus ihren eigenen Etats, sondern über den Brüsseler Agrarfonds finanziert wurden.

Die Verhandlungen über das gemeinsame Agrarsystem und die *Festsetzung des ersten gemeinsamen Getreidepreises* zogen sich bis zur Mitte der sechziger Jahre hin. Dabei spielten der Deutsche Bauernverband unter seinem damaligen Präsidenten

Rehwinkel und die deutschen Politiker, die sich von ihm beeindrucken ließen, eine unheilvolle Rolle. In völliger Blindheit für die Realitäten wurden absolute Absatzgarantien beschlossen und jede Anpassung an die Marktentwicklung unmöglich gemacht. Und als zudem Ende 1964 auch der gemeinsame Getreidepreis zu hoch festgesetzt wurde, waren die Weichen der gemeinsamen Agrarpolitik falsch gestellt:[2] Während die deutsche Landwirtschaft ihre höchsten Preise nahezu halten konnte, wurden sie in den anderen Mitgliedstaaten kräftig angehoben. So war das Preisniveau der Gemeinschaft fünf Jahre nach der Preisangleichung auf 156% gestiegen, in Frankreich auf 161%, in Italien auf 170%.

Die Folgen dieser Preispolitik waren bereits seit Ende der sechziger Jahre in wachsenden Überschüssen und Marktordnungskosten erkennbar. Da der EG-Haushalt zunächst noch einen Spielraum für ihre Finanzierung bot, blieben die Agrarminister für die drohenden Folgen blind und waren weiter bemüht, jährlich mit möglichst hohen Preisanhebungen nach Hause zu kommen. So wurden die durchschnittlichen Garantiepreise in der Gemeinschaft von 1970 bis 1975 jährlich um 9,2%, dann bis 1980 um jährlich rund 6% erhöht. Wieder ging der Druck weitgehend auch von deutscher Seite aus.

Zu alledem erfolgte in den siebziger Jahren eine *Strukturförderung*, die nicht nur der marktwirtschaftlichen Entwicklung, sondern auch unseren sozialpolitischen Grundsätzen widersprach: Im »Einzelbetrieblichen Förderprogramm« wurde die Intensivierung und Vergrößerung von Betrieben subventioniert, dabei aber die Masse der kleinen und mittleren Bauern unter einer sogenannten Förderschwelle ausgeschlossen. Die Folge war eine allgemeine Wachstumspsychose, die viele Bauern in der Vorstellung bestärkte, ihre Existenz nur durch Vergrößerung und Produktionssteigerung sichern zu können.

Aus dieser Situation erwuchs eine *dramatische Zunahme der Überschüsse* und Vergeudung volkswirtschaftlicher Mittel. Die anfangs in der EWG noch vorhandene, geringe Marktlücke an Getreide war bald gefüllt, und Anfang der achtziger Jahre war der Selbstversorgungsgrad bei Zucker auf 135%, bei Butter auf 124% angestiegen. Diese Entwicklung war nur möglich, weil der EG-Haushalt noch einen Spielraum für die Finanzierung der Marktordnungskosten bot, die schließlich rund 65% der gesamten Haushaltsmittel der Gemeinschaft erforderten. 1983 waren die Mittel schließlich völlig erschöpft, die gemeinsame Agrarpolitik geriet bei weiterer Steigerung der Produktionsmengen und Kosten in eine Finanzkrise, und die neue deutsche Regierung mit Minister Kiechle mußte mit dem Überschußchaos ein schweres Erbe antreten.

Nur auf dem Hintergrund dieser *verantwortungslosen Fehlentscheidungen* sind die Entwicklungen der deutschen Landwirtschaft und die Auswirkungen der derzeitigen agrarpolitischen Maßnahmen zu beurteilen. Dabei werden die negativen Auswirkungen erst langsam voll erkennbar: Die Intensivierung der Produktion hat in zunehmende Belastungen der Umwelt und, in Verbindung mit der Strukturförderung und Produktionssteigerung, zu einem wirtschaftlichen Druck geführt, bei dem die noch naturgerecht wirtschaftenden Bauern nicht mehr mithalten können. Doch gerade ihre Förderung diente der Agrarlobby als Vorwand für die Preis- und Wachstumspolitik.

Gefahren für Natur und Umwelt

In der agrarpolitischen Diskussion stehen die Überschüsse, Finanzlasten und Einkommen der Bauern im Vordergrund. Doch die wirschaftlichen Probleme sind nur die Spitze eines Eisberges. Für die Zukunft sind die ökologischen Auswirkungen der modernen Agrartechnik und der einseitig an Produktionsmengen orientierten Agrarpolitik die größte Gefahr, wenn sie auch in ihrer langfristigen Schädigung unserer natürlichen Lebensgrundlagen immer noch nicht voll erkannt, teilweise sogar bagatellisiert werden.

Wir erleben derzeit eine Verarmung unserer Lebensumwelt, die sich in vielen kleinen Veränderungen andeutet. Wir werden unruhig, wenn die Bäume und Hecken an unseren Wegen fallen, wenn die Schönheit unserer Landschaft monotonen Produktionsflächen weicht, in denen das Leben in seiner früheren Ordnung und Vielfalt abstirbt, und wenn wir nach den Frühjahrsblüten unserer Kindheit ebenso vergeblich suchen wie nach den Glühwürmchen in unseren Gärten. Die Sorgen um sauberes Trinkwasser und gesunde und vollwertige Nahrungsmittel sind allgemein gegenwärtig. Viele kleine Anzeichen deuten auf eine *kulturelle Verelendung*, eine Zerstörung des großen Erbes unserer bäuerlichen Sozialstruktur und unserer einzigartigen europäischen Kulturlandschaft.

Die Veränderungen haben gewiß vielfältige Ursachen und sind in ihren Zusammenhängen nur schwer erkennbar. Doch irgendwie ist die *Landwirtschaft immer daran beteiligt*, denn 85% der Gesamtfläche unseres Landes gehören in den Verantwortungsbereich der Land- und Forstwirtschaft. Beide haben selbst unter Schäden zu leiden, die der Umwelt durch Industrie und Verkehr und andere Verursacher, teils über weite Entfernungen, zugefügt werden. Der saure Regen geht überall auf Feld und Wald nieder, zugleich ist die Landwirtschaft aber auch selbst an seiner Bildung beteiligt.

So entstehen viele *Umweltschäden im Zusammenwirken mehrerer Verursacher*. Bei den darüber ausgelösten Diskussionen genügt es nicht, die äußeren Auswirkungen von Emissionen zu betrachten wie in der Industrie und im Verkehr. Die Landwirtschaft hat eine andere Stellung der Natur gegenüber, sie greift mit ihrer Produktion gestaltend und verändernd unmittelbar in die Naturvorgänge ein, und manche Auswirkungen ihrer Maßnahmen und Stoffeinträge sind zunächst nur schwer erkennbar. Anfangs ist die Anwendung vieler neuer technischer und chemischer Mittel ganz unbefangen erfolgt, manche Folgeschäden zeigen sich aber erst nach Jahren oder Jahrzehnten, und über ihre Ursachen ist dann nur schwer Klarheit zu gewinnen.

Bei der Neuorientierung der Agrarpolitik ist nun die Beachtung der wichtigsten *Umweltgefährdungen, die von der Landwirtschaft verursacht werden*, eine entscheidende Zukunftsfrage. Die Landwirtschaft hat an einer ökologisch beständigen Wirtschaftsweise selbst das größte Interesse. Es geht darum, die großen Mittel, die für sie von der Allgemeinheit zur Verfügung stehen, gezielt für eine neue Agrarkultur einzusetzen.

Für eine grundsätzliche *ökologische Neuorientierung* liegt vom Sachverständigenrat der Bundesregierung für Umweltfragen ein Sondergutachten »Umweltprobleme der Landwirtschaft« (1985) vor, in dem die Probleme unter Auswertung der Arbeiten namhafter Wissenschaftler zusammengefaßt wurden. Der Inhalt wird auch den folgenden Betrachtungen über die Umweltprobleme der Landwirtschaft zugrunde gelegt.

Intensivierung der Wirtschaftsweise

Der Begriff Intensivierung wird heute im allgemeinen mit der Verstärkung des Kapitals gegenüber den beiden anderen Produktionsfaktoren Boden und Arbeit definiert. Kapital kommt hier in Form industriell vorproduzierter Produktionsmittel in der Landwirtschaft zum Einsatz, das heißt technischer und chemischer Mittel. In diesem Sinne spricht man auch von »Industrialisierung der Agrarproduktion«.

Demgegenüber war *früher Intensivierung ein biologischer Vorgang*. Die Intensivierung der Wirtschaftsweise begann in der stärkeren Ausnutzung der Flächen und der größeren Anbauvielfalt. Zunächst wurden auf der Brache Futterpflanzen angebaut, dann traten Pflanzen mit größeren Mengenerträgen stärker im Anbausystem hervor, wie Kartoffeln und Rüben, schließlich wurden für eine zweite Ernte im Jahr Zwischenfrüchte in die Fruchtfolge eingeschoben. Die zugleich wachsenden Viehbestände konnten zunehmende Pflanzenmengen verarbeiten und den Intensivierungsprozeß durch vermehrte Düngung stärken.

Die *Intensivierung mit industriellen Produktionsmitteln* begann zu Anfang dieses Jahrhunderts und hat sich nach dem Zweiten Weltkrieg schnell in aller Breite durchgesetzt. Mit ihr war teilweise eine schrittweise Rückentwicklung der biologischen Intensität verbunden, insbesondere eine Abnahme der Hackfrüchte von 25% auf 9% des Ackerlandes (seit 1950), eine »Vereinfachung« der Fruchtfolgen bei stärkerer Spezialisierung auf den Getreideanbau. Was früher im biologischen Ausgleich und in der Bekämpfung der Schädlinge und Krankheiten durch die größere Anbauvielfalt erreicht wurde, ist nunmehr den chemischen Mitteln überlassen.

Für die Betriebswirte stand hier die Steigerung der Erträge im Vordergrund, und man war zufrieden, solange sie bei zunehmendem Aufwand noch zur Steigerung der Einkommen führten. Die weitreichenden Veränderungen in den organischen Vorgängen, die mit dieser *industriellen Intensivierung der Agrarproduktion und Abkehr vom Wirtschaften im natürlichen Gleichgewicht* verbunden waren, wurden weniger beachtet. Ihre Folgewirkungen für den Naturhaushalt bilden aber heute und morgen die zentralen Probleme und Aufgaben.

Um Mißverständnissen vorzubeugen: Nicht die agrartechnischen Neuerungen werden hier grundsätzlich kritisiert, sondern ihre teilweise unbedachte Anwendung. Es geht um das *ökonomisch und ökologisch rechte Maß*. Glücklicherweise sind im bäuerlichen Bereich Beispiele für eine dem natürlichen Gleichgewicht noch stärker angenäherte Wirtschaftsweise erhalten geblieben.

Im 19. Jahrhundert war die mineralische Düngung zunächst eine bescheidene Ergänzung der im Boden vorhandenen Nährstoffe. Ihre Verstärkung unter Einsatz weiterer chemischer Mittel sowie die zunehmende Versorgung der Tierbestände durch Zukauffuttermittel hat *die organischen Nährstoffkreisläufe gestört*:

▷ Die *spezialisierte Pflanzenproduktion* erfordert zunehmende Fremdstoffeinträge.

▷ Die *konzentrierte Tierhaltung* hat die Exkremente von lebenswichtigen organischen Düngemitteln in naturbelastende Emissionen verwandelt.

Die *Fremdstoffeinträge an Düngemitteln und Pflanzenschutzmitteln* in den Boden haben erheblich zugenommen. Allein der Aufwand an Stickstoff ist seit 1950 auf nahezu das Sechsfache angestiegen, die Aufwendungen an Kali- und Phosphatdünger um etwa das Doppelte. Der Einsatz von Pflanzenschutzmitteln hat erst mit dem Zweiten Weltkrieg begonnen und sich inzwischen vervielfacht. Im Jahre 1987 waren rund 1500 Mittel verschiedener Art in der Bundesrepublik zugelassen, zur Zeit werden etwa 30 000 t Wirkstoffmengen jährlich verbraucht. Beim zunehmenden Einsatz von Dünger und Pflanzenschutzmitteln hat die Steigerung der Erträge allzu lange im Vordergrund gestanden, die ökologischen Folgen wurden allenfalls als Nebeneffekte angesehen. Sie sind aber für die Umwelt höchst bedenklich und kommen vor allem im Rückgang der Artenvielfalt, in den Belastungen von Boden, Wasser und Nahrungsmitteln zum Ausdruck.

Insgesamt geht die *Agrarproduktion immer weniger aus natürlichen Produktivkräften* hervor, sie wird zunehmend auf industrielle Produktionsmittel verlagert. Diese Entwicklung der Landwirtschaft verursacht nicht allein ökologische Belastungen, sondern auch die wirtschaftlichen Folgen dieser Intensivierung sind bedenklich. Die laufende *Abnahme der Betriebseinkommen* ist dafür sehr aufschlußreich: Die Anteile der Betriebseinkommen an den Betriebserträgen lagen vor dem Zweiten Weltkrieg bei über 50%, sie waren 1956/57 bereits auf 44%, 1967/68 auf 36%[3] gesunken und liegen heute in den hauptberuflichen Testbetrieben des Agrarberichts 1989 nur noch bei 30%. Die Betriebseinkommen enthalten vor allem das Arbeitsentgelt der Bauern, ihre relative Verringerung zeigt, daß die Betriebe mit mehr industriellen Vorleistungen und zugleich geringerem Arbeitseinsatz bewirtschaftet werden.

Die *wirtschaftlichen Folgen der Intensivierung* im Einsatz industrieller Produktionsmittel werden allgemein zu wenig beachtet:

1. Die *Ernährungssicherung* wird zunehmend auf Fremdenergien verlagert. Das beliebte Argument, ein Bauer würde heute mehr Menschen ernähren als früher, ist töricht. Praktisch schafft der Bauer noch nicht einmal mehr seine eigene Selbstversorgung, er ist zu einem kleinen Glied im großen in-

dustriellen Räderwerk geworden, der Zulieferer von Produktionsmitteln, der Abnehmer und Verarbeiter seiner Produkte. Die intensive Agrarproduktion beruht auf reichlich verfügbaren und billigen Energien. Eine durchaus denkbare Energieverteuerung würde die wirtschaftliche Situation der gesamten Landwirtschaft grundlegend verändern. Wenn diese Verteuerung einmal stark und plötzlich käme, wäre unsere Ernährungssicherung gefährdet. Die Agrarpolitik sollte das bedenken und Betriebsformen fördern, die bei stärkerer biologischer Intensität die Naturkräfte optimal nutzen.

2. Die starke Intensivierung der Produktion kann zwar zu steigenden Einkommen führen, aber nur bei gleichzeitig *wachsender Krisenempfindlichkeit* der Betriebe. Die Steigerung der Betriebserträge erfordert den Einsatz zunehmender Anteile der Erträge für Produktionsmittel. Ein Beispiel dafür ist der Stickstoffverbrauch: Er stieg seit 1950 von 23 auf 134 kg N je Hektar, d. h. auf nahezu das Sechsfache, während die Erträge an Weizen in der gleichen Zeit von 27 dt auf rund 60 dt je Hektar, also nur auf gut das Doppelte, zunahmen. Das jeweils betriebswirtschaftliche Optimum läßt sich wohl berechnen. Doch in der Abhängigkeit von der Natur bleibt ein wichtiger Faktor unberechenbar. Man kann zwar Werte für die Aufwendungen und die entsprechenden Ernteerwartungen in den Computer eingeben. Wenn diese aber bei ungünstiger Witterung nicht erfüllt werden, sind die Risiken dort am größten, wo am stärksten intensiviert wurde und die Gewinnraten entsprechend niedriger liegen. Diese Betriebe verursachen auch in der Agrarpolitik die meiste Unruhe.

3. Die durch intensiven Einsatz von Produktionsmitteln ermöglichte *Spezialisierung im Anbau und die Konzentration der Tierbestände* erfolgt auf Kosten der Umwelt, die aber weder

die Landwirte noch die Verbraucher bezahlen. Zudem können die noch naturgerecht wirtschaftenden Bauern mit den durch die Wachstumsbetriebe gedrückten Preisen nicht mithalten. So führt die heutige Strukturpolitik mit ihrem Wachstumsprinzip praktisch in eine ökologische und soziale Falle.

Die unterschiedlichen Gewinnraten verschiedener Produktionsformen zeigen deutlich, welche geringen Anteile der Betriebserträge in den Marktfruchtbau- und Veredlungsbetrieben nur noch aus natürlichen Produktivkräften und bäuerlicher Arbeit hervorgehen. *Gewinnraten* nach dem Agrarbericht 1989:

Marktfruchtbaubetriebe 10–15%
Veredlungsbetriebe (überwieg. tier. Prod.) 6– 9%
Futterbaubetriebe 21–27%
alternative (biologische) Betriebe 23–24%

Die Futterbau- und Alternativbetriebe wirtschaften stärker bodengebunden und mit größerer biologischer Intensität, sie erzielen Erträge und Gewinne mehr aus ihren natürlichen Produktivkräften und sind daher sowohl ökonomisch als auch ökologisch stabiler.

Angesichts dieser Erkenntnisse sollte solche *Intensivierungs- und Wachstumspolitik vermieden* werden, die

▷ zur weiteren Abkehr von der Produktion aus Naturkräften führt,
▷ die wirtschaftliche Stabilität der Betriebe vermindert,
▷ die Verdrängung der noch naturgerecht wirtschaftenden Bauern fördert,
▷ alles in allem die Umweltbelastungen verstärkt und damit zur Erschöpfung der Regenerationskraft der Natur in größten Teilen unseres Lebensraumes beiträgt.

Verarmung der Landschaft

Verschiedene Ursachen haben zur Verwandlung vielfältiger, alter Kulturlandschaften in monotone Produktionsgebiete geführt. Manches wurde dem großflächigen Einsatz moderner Maschinen geopfert. So war man um die Vergrößerung und Spezialisierung der Betriebe bemüht, wie sie auch strukturpolitisch gefördert und durch die Flurbereinigung unterstützt wurden. Auf den größeren Ackerschlägen wurden dann die Randstreifen verringert und Hindernisse beseitigt, wie sie früher in Hecken, Feldgehölzen und naturbestimmten Biotopen bestanden, vielfach wurden auch Feuchtstellen in die Ackernutzung einbezogen. Der Bauer auf dem Schlepper mit 150 PS verfügt dafür über ein Mehrfaches an Kräften als sein Vater mit Pferden oder Rindern.

Die *Zerstörung der Lebensräume* wildlebender Pflanzen- und Tierarten ist eine Folge der Veränderungen. An natürlichen Biotopen sind in den intensiv genutzten Ackerlandschaften allenfalls noch 2 bis 3% der Fläche vorhanden, zudem wurden viele Randlagen durch Eintrag von Dünger und Pflanzenschutzmitteln belastet. Heute fehlt das Verbundsystem von Lebens- und Schutzräumen für die Tierwelt, viele Arten sterben aus, und die Roten Listen werden länger. In der Bundesrepublik galten schon Mitte der siebziger Jahre 47% der Wirbeltiere, 38% der Schmetterlinge und viele Arten von Farn- und Blütenpflanzen als ausgestorben oder akut gefährdet. Dabei haben bestimmte Arten Schlüsselfunktionen, sie sind für die Ernährung anderer Lebewesen wichtig, ihr Tod unterbricht die Nahrungsketten und zieht das Aussterben anderer Arten nach sich.

Auch die Verengung der Fruchtfolgen und die Bekämpfung der Ackerwildkräuter mit chemischen Mitteln nimmt oft gerade jenen Tieren die Nahrungsbasis, die als natürliche Gegenspieler von Schädlingen erwünscht sind. Damit wird eine stärkere biologische Schädlingsbekämpfung erschwert, wie man sie heute im Begriff »integrierter Pflanzenbau« propagiert. Und mit der Beschränkung der Fruchtfolgen auf wenige Pflanzen verschwindet auch die Begleitflora und -fauna der alten Kulturpflanzen.

Zugleich wird mit der Intensivierung der *Grünlandnutzung* durch verstärkte Gaben von Dünger und Pestiziden sowie Beschränkung auf wenige Pflanzenarten den Insekten und höheren Tieren die für ihre Ernährung wichtige vielfältige Vegetation genommen. Als Folge der Stoffeinträge und der vereinheitlichten Bestände gelten heute rund drei Viertel der typischen Grünlandpflanzen als gefährdet. Dadurch nehmen auch die an Wiesen gebundenen Vogelarten drastisch ab, so daß man besondere Programme für den Verzicht auf intensive Grünlandnutzung entwikkelt hat, um die letzten Bestände der selten gewordenen Wiesenvögel zu retten, die für die Erhaltung einer natürlichen Vielfalt Schlüsselfunktionen haben.

Die *Flurbereinigung* hat zur Zerstörung der landschaftlichen Vielfalt und damit des Naturhaushaltes erheblich beigetragen. Ging es zunächst um die Beseitigung der traditionellen Flurzersplitterung, vor allem in den Kleinbauerngebieten, trat mit der Motorisierung das Ziel in den Vordergrund, »schleppergerechte« Fluren und ein Netz befestigter Wege zu schaffen. Nach rein technischen Kriterien wurden auch die natürlichen Wasserläufe und Wege begradigt und dabei störende Hecken und Gehölze beseitigt. Durch die Verminderung der Grenzraine und die Umwandlung von Feuchtstellen verschwanden viele Biotope und die Lebensräume der Kleintierpopulationen. In einem Rausch der Maßlosigkeit sind durch die Flurbereinigung große kulturelle Werte in einzigartigen Landschaften verlorengegangen.

Eine optimale *Größe der Feldstücke* bzw. Schläge ist für die Belebung der Fluren sehr wichtig, aber heftig umstritten. Im Bereich von 2 bis 3 Hektar sind je nach der Geländegestaltung optimale Schlaggrößen zu erreichen. Im allgemeinen sind die durchschnittlichen Schlaggrößen aber *von den Betriebsgrößen abhängig*. Nach Angaben des Sachverständigenrates für Umweltfragen[4] liegt die durchschnittliche Schlaggröße in Betrieben von 10 bis 20 ha LF bei 1,4 ha, in Betrieben über 100 ha bei 8,2 ha. Und in ostholsteinischen Großbetrieben wurden Durchschnittsgrößen von 29,7 ha festgestellt, dagegen in den benachbarten bäuerlichen Betrieben von nur 4,5 ha.

Durch die kleinere Strukturierung der Fluren hat die *bäuerliche Landwirtschaft* umweltpolitisch entscheidende Vorteile für die Vernetzung der Fluren durch Randbiotope und die entsprechende Belebung der Landschaft. Wenn demgegenüber Agrarökonomen behaupten, daß »für ökologische Nischen eher in Landschaften mit ausgesprochener Großbetriebsstruktur Platz ist«,[5] mag das aus der Sicht des computergestützten Elfenbeinturms der Wissenschaft rein rechnerisch stimmen. Aber die Wirklichkeit ist nicht so. Hier mag in der Praxis gewiß auch die besondere Denkweise der größeren Landwirte mitspielen – und so möchte man den Kollegen raten, die »Getreide-Zuckerrüben-Wüsten« in der Köln-Aachener Bucht, in der Wetterau nördlich Frankfurt oder im Straubinger Becken zu betrachten. Und wo die gewachsenen Biotope einmal zerstört wurden, sind so leicht nicht wieder lebendige Ökosysteme zu schaffen.

Die betriebswirtschaftlichen Vorteile einer weiteren Schlagvergrößerung sind oberhalb bestimmter Durchschnittsgrößen von 2 bis 5 Hektar ohnehin gering,[6] wobei auch bedacht werden muß, daß sich die Maschinenarbeiten immer nur auf wenige Tage im Jahr beschränken. Und wenn größere Schläge einzelnen Landwirten noch eine geringe Zeitersparnis bringen sollten, ist dieser Gewinn für die Gesamtheit ohne wirtschaftlichen und sozialen Nutzen, für Umwelt und Landschaft aber mit zunehmenden Nachteilen verbunden. Jedenfalls liegen auch in der Flurgestaltung grundsätzliche *ökologische Vorteile der bäuerlichen Betriebe*, die in natürlicher Vielfalt im Anbau mit bodengebundener Tierhaltung wirtschaften.

Und die Flurbereinigung steht heute vor der Aufgabe, sich auf eine vorausschauende Neugestaltung der Landschaft und dörflichen Umwelt umzustellen und dabei im einzelnen zwischen den ökologischen Forderungen der Gesamtheit und den Interessen der Agrartechnik abzuwägen. Letzten Endes bringt die Landwirtschaft dabei aber keine Sonderopfer: Die ökologisch optimale Gestaltung der Fluren dient zugleich dem Schutz vor Bodenerosion und bietet Möglichkeiten für den integrierten, natürlichen Pflanzenschutz.

Zerstörung der Artenvielfalt

In der Ackernutzung ist seit dem Zweiten Weltkrieg eine *Rückentwicklung auf einseitige Anbauverfahren* eingetreten. Einst führte der Übergang von der alten Dreifelderwirtschaft auf Fruchtfolgen mit vielfältigem Wechsel verschiedener Früchte im 19. Jahrhundert zur Steigerung der Erträge mit organischen Mitteln und zu günstigen Auswirkungen auf Natur und Umwelt. Die heutige Ertragssteigerung mit technischen und chemischen Mitteln sowie verengten Fruchtfolgen ist ökologisch eine Rückentwicklung. In günstigen Ackerbaugebieten dominiert teilweise der Getreideanbau auf 80% der Flächen, bei geringen Anteilen an Zuckerrüben.

Der *Artenrückgang* ist hier aus mehreren Gründen am stärksten. Der Übergang zu Hochleistungssorten macht ein hohes Nährstoffangebot erforderlich, also einen gesteigerten Einsatz von Düngemitteln. Diese wiederum fördern auch den Unkrautbewuchs und erfordern den verstärkten Einsatz von Herbiziden. Die dichten Getreidebestände benötigen aber auch zusätzliche Stützungsmaßnahmen durch Halmverkürzer oder Wachstumsregler und möglicherweise den weiteren Einsatz von Pestiziden.

So wird der *Acker zu einem chemischen Laboratorium*, und wo einst natürliche Fruchtfolgen die Bodengesundheit förderten, kommt es zu »Spritzfolgen« chemischer Mittel mit prekären ökologischen Folgen. Mit der Verringerung der Kulturpflanzenarten geht eine Verarmung der Begleitflora und -fauna einher. Zugleich führen die verschiedenen chemischen Mittel zur Bildung resistenter Arten, zur Entstehung neuer Schadorganismen und weiterer Steigerung des Mitteleinsatzes. Das gilt vor allem bei Anbau von Hackfrüchten und Mais, der darüber hinaus auch zur erhöhten Bodenerosion führt. Zugleich erfolgt eine Eutrophierung (Nährstoffübersättigung) der Grenzbiotope, das heißt der Randstreifen, Hecken und Wasserläufe an den Ackerrändern. Die zunehmende Belastung des Grundwassers ist eine weitere, besonders besorgniserregende Folge dieser modernen Anbauverfahren.

Die *intensive Bewirtschaftung von Dauergrünland* ist ebenfalls problematisch. Der Anteil der Wiesen ist in den letzten zwanzig Jahren von rund 27% auf 20% der Nutzfläche zurückgegangen. Die entsprechende Ausdehnung des Ackerlandes führte zur Verminderung der Feuchtgebiete, teilweise in der Flurbereinigung im Zusammenhang mit einer Drainierung der Flächen. Eine Verdrängung vieler, auf Feuchtigkeit angewiesene Arten war die Folge.

Durch Bewirtschaftungsmaßnahmen wurde auch eine *einseitige Grünlandflora* gefördert. Sowohl die Stickstoffdüngung als auch die Mehrschnittnutzung führten zur Zurückdrängung der Krautvegetation. Auch die Verlegung der ersten Schnittermine

44

vor die Blütenbildung im Mai fördert einseitige Bestände mit weniger Grasarten. Besonders bedenklich ist die Vernichtung der herkömmlichen Wiesenflora durch Umbruch von Grünland und die neue Ansaat mit wenigen Hochleistungssorten.

Praktisch führen in der modernen, stark intensivierten Landnutzung ganze *Verfahrensketten zur Verarmung der Natur* und Landschaft, fördern die Bodenerosion und rufen Stoffausträge hervor, die das Grundwasser belasten, die Oberflächengewässer eutrophieren und ihr »Umkippen« verursachen. Ein Beispiel für die weitreichenden Folgewirkungen war die plötzliche Ausbreitung der Algen in der Nordsee im Mai 1988, die mit dem Robbensterben eine Schockwirkung in der Bevölkerung verursachte.

Den zunehmenden Dauerschäden ist nicht mit einzelnen Beschränkungen, sondern nur durch eine *allgemeine Extensivierung* der Acker- und Grünlandnutzung zu begegnen. Sie wäre zur Verminderung der Überschüsse das ökologisch bessere Mittel als die Stillegung von Flächen, die befürchten läßt, daß große, ungepflegte Gebiete entstehen, während die Intensivierung auf den übrigen Flächen verstärkt weitergeht. Dabei darf jedoch nicht verkannt werden, daß eine allgemeine Extensivierung nur in einem neuen agrarpolitischen Gesamtprogramm realisierbar wäre.

Gefährdung der Böden

Agrarprodukte entstehen durch Bildung vegetativer Energien in grünen Pflanzen. Der Boden ist ihr Standort und ein Mittler der natürlichen Wachstumsvorgänge, er ist damit im Sinne des alten Begriffes »Mutterboden« eine Grundlage unseres Lebens.

Seinen vollen Wert hat der *Boden nur als biologisches System*, weniger nach den stofflichen Bestandteilen seiner geologischen Herkunft. Die traditionelle Bodenbewirtschaftung war über Jahrhunderte auf Verbesserung der Wachstumsbedingungen der Pflanzen gerichtet, durch Förderung des Bodenlebens, der natürlichen Kreislaufprozesse beim Aufbau von Pflanzen, Abbau von Pflanzenresten und der Aufschließung neuer Nährstoffe aus dem Boden. Dazu gehörte auch die regelmäßige Bodenbearbeitung zur Schaffung des Wurzelraumes der Kulturpflanzen und zur Einarbeitung organischer Stoffe aus Pflanzenresten und tierischem Dünger.

Die *Bodenfruchtbarkeit* wird durch einen Wechsel verschiedener Kulturpflanzen mit unterschiedlichen Eigenschaften gefördert: Leguminosen mit tiefer, bodenlockernder Bewurzelung, sogenannte Blattfrüchte, wie Kartoffeln und Rüben, mit günstigerer Bodenbeschattung. Ihr Erntegut liefert reichhaltig Viehfutter, mehr Dünger und fördert die Humusbildung. So entstehen sich selbst verstärkende Nährstoffkreisläufe. Bei einem lockeren und belebten Boden sprach man früher von einer »guten Krümelstruktur« oder »Bodengare«.

Die *natürlichen Regelungsfunktionen des Bodens* werden heute durch Stoffeinträge und spezialisierten Anbau in verschiedener Weise gestört. Starke Stickstoffdüngung überfordert die Kapazität des Bodens, Stickstoff zu binden, Nitrat wird ins Grundwasser ausgewaschen oder führt zu Luftverunreinigungen. Ein Übermaß an Gülle hat die Emission von Ammoniak zur Folge, das über die Luft zur Bodenversäuerung beiträgt. Durch Pestizide können die stoffregulierenden Funktionen des Bodens weiter beeinträchtigt werden.

Verschlechterungen des Bodengefüges entstehen auch durch einseitige Fruchtfolgen mit Pflanzen, die – wie Mais – den Boden längere Zeit unbedeckt oder mit wenig organischer Masse darin zurücklassen. Die häufige Bodenbearbeitung schafft eine erosionsgefährdete obere Bodenschicht, und eine besondere Gefahr ist auch das Befahren mit schweren Maschinen. Die Bodenverdichtung vermindert das Hohlraumsystem, das für den Austausch von Wasser und Luft, für die Nährstoffkreisläufe und die Belebung des Bodens entscheidende Bedeutung hat.

Die verschiedenen Belastungen des Bodens und die Zerstörungen seiner natürlichen Regelungsfunktionen kumulieren in einer *Verschärfung der Bodenerosion*. Wie die Verödung einstiger Kulturgebiete zeigt, ist das ein uraltes Problem der Menschheit. Bodenerosion heißt, daß der Abtrag von feinen Bodenteilchen durch Abschwemmung und Verwehung stärker ist als die Neubildung von Boden durch Verwitterung. Erosionsmessungen zeigen, daß die für den Bodenabtrag tolerierbaren Werte bei der heutigen Art seiner Bewirtschaftung vielfach erheblich überschritten werden. Besonders erosionsgefährdet sind hängige Lagen in ausgeräumten Landschaften. Vor allem, wenn sie bei Anbau von Hackfrüchten oder Mais zeitweise kaum von den Pflanzen bedeckt sind, lassen sie erschreckende Erosionsschäden schon mit bloßem Auge erkennen. Das abgeschwemmte Bodenmaterial wird teilweise in die Oberflächengewässer transportiert und wirft dort weitere Probleme auf, bis zur Nährstoffbelastung der Nordsee oder der Adria.

In der Erhaltung und Pflege des Bodens geht es für die *Landwirtschaft um ein Existenzproblem*, das nur bei stärkerer Beachtung der natürlichen Gesetzmäßigkeiten zu lösen ist. Praktisch verlangt das ein weitgehendes Umdenken in Richtung auf die Neugestaltung der Landschaft und in der Bodenbewirtschaftung hin zu einer größeren Vielfalt, zurückhaltender Düngung und schonender Bearbeitung.

Für die *Gesellschaft ist der Boden Grundlage* ihres natürlichen

Lebens- und Regenerationsraumes. Aufgabe ist, die Landwirte bei der pfleglichen Bodenbewirtschaftung zu unterstützen und nicht dafür zu belohnen, daß sie den Boden »stillegen« und vernachlässigen.

Gefährdung der Wasservorräte

Jedes Leben auf dieser Erde ist vom Wasser abhängig, für alle, vom kleinsten Geschöpf bis zum Menschen, ist Wasser das wichtigste Lebensmittel. Es kann durch nichts ersetzt werden. Von jeher haben die Menschen auch ihre Wohnstätten in der Nähe von Wasservorkommen und *Brunnen* angelegt. Und nach den Zerstörungen des Zweiten Weltkrieges konnten viele Städter nur dort überleben, wo ihnen alte Brunnen noch sauberes Wasser boten.

Die *Bach- und Fließgewässer* sind wichtige Lebensadern. Sie verbinden die Landschaftsräume von den Bergen bis zum Meer und beherbergen Millionen von Kleinstlebewesen, die vom Einzeller über die Fische, Vögel und Säugetiere Nahrungsketten bilden und Reinigungsfunktionen ausüben. Dabei sind Ufergehölze und Flußauen Lebensräume für Pflanzen, Rückzugsgebiete und Wanderwege für Kleintiere.

Das Ausmaß der Belastungen aller Fließgewässer steht auch in engem Zusammenhang mit der Zusammensetzung und dem Bewirtschaftungszustand der Böden in den Einzugsgebieten. Bei starker Bodenerosion werden Boden- und Humusteilchen abgeschwemmt, die mit Stickstoff und anderen chemischen Stoffen angereichert sind und zur Belastung und Eutrophierung der Flüsse beitragen, bis zur Vergiftung der Meere.

Unter dem Begriff »*Landeskultur und Melioration*« (Bodenverbesserung) wurde schon im 19. Jahrhundert mit der Trockenlegung von Feuchtgebieten, mit der Begradigung von Bächen und Flüssen und der Befestigung ihrer Uferböschungen begonnen. Stand die Verhinderung von Überschwemmungen im Vordergrund, wurden dadurch die Flußauen in ihren natürlichen Funktionen zerstört und die Reinigungskräfte der begradigten Gewässer vermindert. Soweit diese Maßnahmen die Gewinnung von Flächen für die Landwirtschaft und die Steigerung ihrer Erträge zum Ziel hatten, war der Begriff »Landeskultur« vielfach ein falsches Etikett. In Wirklichkeit handelte es sich dabei um »Unkultur«, durch die der Natur und Landschaft im Rahmen der Flurbereinigung kaum wiedergutzumachende Schäden zugefügt wurden. Besonders ungünstig hat sich in vielen Gebieten auch die verstärkte Umwandlung von Grünland in Acker erwiesen, da eine dauerhafte Vegetation gerade in Überschwemmungsgebieten der beste Schutz gegen die Bodenerosion ist.

Die *Reinhaltung der Grundwasservorkommen* hat im Hinblick auf die Trinkwassergewinnung bisher verständlicherweise die höchste Beachtung gefunden. Gewiß bestehen für die Grundwasserbelastungen vielfältige Ursachen. Aber allgemein ist die Landwirtschaft stark daran beteiligt, und zur Grundwasserreinhaltung wird sie sich in der Intensität ihrer Wirtschaftsweise noch die stärksten Begrenzungen auferlegen müssen.

Dabei geht es hier vor allem um das *Ausmaß der Stickstoffdüngung*, wie sie mit leicht löslichem Stickstoff oder durch organischen Dünger aus der Tierhaltung erfolgt. Daneben sind auch Pestizide an der Verunreinigung von Grundwasser zunehmend beteiligt.

Für die *Nitratkonzentration* im Trinkwasser wurde in der EG schon 1980 eine Höchstmenge von 50 mg je Liter festgelegt, die aber in zunehmendem Maße überschritten wird. Für den Eintrag von Nitrat ins Grundwasser sind verschiedene Faktoren maßgebend, wie die Art des Bodens und des Anbaus, die Niederschläge, vor allem aber die Düngermengen. So entstehen bei Hackfrüchten und Mais und insbesondere beim intensiven Gemüse- und Weinanbau die größten Belastungen.

Das gilt für die *Gülleflut aus den Massentierhaltungen* ganz besonders. Durch die Konzentration der Tiere sind die Exkremente, die früher im gut gepflegten »Stallmist« das wichtigste Mittel zur Verbesserung der Bodenfruchtbarkeit waren, zu einer Emission geworden, die Naturbelastungen und Kosten verursacht. Die *Niederlande* haben in der Konzentration der Tierhaltung das sinnvolle Ausmaß am weitesten überschritten. Die dortige Regierung ist seit einigen Jahren um schrittweise Verminderung der Nitratausbringung bemüht, und in umweltpolitischen Gutachten werden jetzt drastische Verringerungen der Viehhaltung gefordert und allein für die Bodensanierung Ausgaben von rund 18 Mrd. DM vorgeschätzt.

Die *EG-Kommission*[7] hat im Dezember 1988 eine Stellungnahme über die Situation und die Maßnahmen in den Mitgliedstaaten sowie Vorschläge für gemeinsame Richtlinien vorgelegt, die Höchstzahlen in der Tierhaltung fordern, wie zwei Milchkühe oder 16 Mastschweine je Hektar der für die Düngerausbringung verfügbaren Flächen. In der Bundesrepublik wären davon besonders der Kreis Vechta sowie zahlreiche Betriebe im norddeutschen Raum betroffen. Wohl dürfte die Annahme der vorgeschlagenen Richtlinien noch nicht sicher sein, aber sie weisen in die richtige Richtung, und der Deutsche Bauernverband gibt den Landwirten gewiß keinen guten Rat, wenn er die Massentierhaltung verteidigt oder ihre Folgen bagatellisiert.

Mit dem *Stickstoffeintrag ins Grundwasser* tickt eine Zeitbombe: Ein langsamer Prozeß, der Jahre dauert und sich auch dann noch fortsetzen würde, wenn jede Stickstoffzufuhr sofort eingestellt würde. Schon in den vergangenen Jahren mußten mehr und mehr örtliche Wasserversorgungsanlagen wegen zu hoher Belastungen geschlossen und die Gemeinden an größere, überörtliche Versorgungsunternehmen angeschlossen werden, ein Weg, der nur begrenzt möglich ist. Die technische Reinigung von mit Nitrat und Pestiziden verunreinigtem Wasser erfordert einen hohen Kostenaufwand und befindet sich bei Nitrat noch im Versuchsstadium. Professor Wicke[8] vom Umweltbundesamt schätzt die jährlichen Kosten allein für die Trink- und Brauchwasserreinigung und die Nitratentfernung aus dem Grundwasser auf rund 8 Mrd. DM. Und ohnehin kann es nicht Aufgabe der Wasserversorgungsunternehmen sein, Versäumnisse der Landwirtschaft im Umweltschutz durch Höchsttechnologien wiedergutzumachen. Unser Wasser würde damit mehr und mehr zu einem technischen Produkt, und das widerspräche dem allgemein menschlichen Wunsch nach einem sauberen Naturprodukt »Trinkwasser«.

Um weiteren Schäden vorzubeugen, wird man mit der Ausweisung weiterer *Wasserschutzgebiete* rechnen müssen, in denen der Landwirtschaft enge Grenzen für die Ausbringung von Stickstoffdünger und Pestiziden gesetzt werden. Dabei bestehen noch erhebliche Meinungsverschiedenheiten über die Einkommensverluste, die den Landwirten als Verursachern entstehen und zugemutet werden könnten. Die Klarheit über diese wichtige Zukunftsfrage erfordert zunächst eine neue, zeitgemäße Definition des Begriffes »ordnungsgemäße Landwirtschaft«, die erkennen läßt, wie weit die öffentlichen Verpflichtungen der Landwirte in der Schonung unserer Umweltgüter gehen.

Immerhin ist die Sorge nicht berechtigt, daß eine Beschränkung der Stickstoffdüngung unsere Ernährungssicherung gefährdet. Im Gegenteil: Sie würde auch die Überschüsse und Finanzlasten vermindern und entscheidend zur Schonung von Umwelt und Grundwasser beitragen.

Qualität der Nahrungsmittel

Zentrale Probleme unserer Ernährung sind nicht mehr Mengen, sondern Qualität und gesundheitlicher Wert der Nahrungsmittel.

Im Vordergrund steht die Sorge um *Schadstoffe in Nahrungsmitteln*, die aus Rückständen von Stoffen stammen, die zur Sicherung oder Steigerung der pflanzlichen und tierischen Produktion verwandt wurden. Daneben werden auch Zusatzstoffe bei der Lagerung und zur Haltbarmachung der Nahrungsmittel sowie zur Verbesserung ihres Aussehens eingesetzt. Und schließlich können auch unerwünschte Stoffe über den Boden oder die Luft in die Nahrungsmittel gelangen, wie etwa Schwermetalle über Klärschlamm oder in der Nähe stark befahrener Straßen.

Bei der *pflanzlichen Produktion* geht es um Düngemittel, Pestizide und Wachstumsregler zur Ertragssteigerung, deren Rückstände in die Nahrungsmittel eingehen können. Verschiedene Rechtsvorschriften regeln die Zulassung und Anwendung der Mittel. Bei unsachgemäßer Anwendung können akute Schäden für den Landwirt selbst oder Langzeitwirkungen für die Verbraucher aus den Rückständen eintreten. Dafür werden nach dem Pflanzenschutzgesetz zulässige Höchstmengen für Rückstände in Lebensmitteln festgelegt. Rückstände in Pflanzen können auch in tierische Erzeugnisse übergehen und sich dort, wie bei den Menschen auch, vor allem in Lebern, Nieren und Fettgeweben anreichern. Die bei weitem höchsten Konzentrationen werden in der Muttermilch gefunden.

In der *tierischen Produktion*[9] werden Medikamente zur Bekämpfung von Krankheiten und Parasiten sowie chemische Substanzen zur Verbesserung des Wachstums oder der Mast- und Milchleistungen eingesetzt. Das Ausmaß ihrer Verwendung hängt von der Art der Tierhaltung und der gesamten Wirtschaftsweise ab. Bei artgerechten Haltungsmethoden der Tiere und ihrer Fütterung vorwiegend aus der eigenen Bodenproduktion dürfte der Einsatz von Pharmaka minimal sein. Um so mehr wird in den Massentierhaltungen eingesetzt. Auf Grund der unnatürlichen Haltungsbedingungen, besonders von Geflügel, Schweinen und Kälbern sowie bei überwiegendem Einsatz industrieller Futtermittel, wird eine laufende Verwendung von Medikamenten, Antibiotika und anderen chemischen Mitteln erforderlich. Daß davon einiges in die Erzeugnisse eingeht, wird bestritten oder als unschädlich abgetan. Gewiß sind die Rückstände auch von der richtigen Dosierung der Mittel und der Einhaltung bestimmter Wartezeiten für ihren Einsatz vor der Schlachtung abhängig. Aber allein die häufigen Skandalnachrichten aus Mastbetrieben zeigen doch, welche Gefahren für unsere Gesundheit hier lauern und wie wenig wir uns darauf verlassen können, was und wieviel an Pharmaka unsere Nahrungsmittel enthalten.

Ein wichtiges Problem der Gesundheit ist auch der *Nitratgehalt der Nahrungsmittel*, der aus der Stickstoffdüngung auf dem Weg über den Boden in die verschiedenen Erzeugnisse eingeht. Bei der Umwandlung von Nitrat im menschlichen Körper können krebserzeugende Nitrosamine oder andere Stoffe entstehen, die zu gesundheitlichen Belastungen führen. Eine Überdüngung mit leicht löslichem synthetischen Stickstoff oder mit Gülle aus Massentierhaltungen bringt nicht nur für den Boden und die Natur, sondern auch für unsere Ernährung nicht zu unterschätzende Gefahren. Dabei ist die Speicherung von Stickstoff in den Pflanzen verschieden, größte Mengen gehen bekanntlich in frische Gemüse und Salate ein.

Die verschiedenen Schadstoffbelastungen unserer Nahrungsmittel werden heute gern verharmlost. Hier besteht eine *vielfältige Interessenverflechtung* weit in die Bauernführung hinein. Die Interessenvertretung der Industrie für ihre Produkte mag noch legitim sein. Doch auch manche Bauernführer sind in ihren Interessen als Mitglieder in Aufsichtsräten der Industrie und Präsidien der großen Genossenschaften leider stark gebunden und beeinflussen von daher auch die Meinungsbildung unter den Bauern. Die meisten Landwirte können sich auch auf Grund ihrer einseitigen Ausbildung eine weniger intensive Wirtschaftsweise kaum mehr vorstellen und fürchten bei den geforderten Beschränkungen in der Viehhaltung oder Stickstoffdüngung um ihre Existenz.

Die Prüfung aller chemischen Mittel und die Festlegung von Höchstgrenzen sowie Richtlinien für ihre Anwendung erfolgt durch staatliche Untersuchungsanstalten und das Bundesgesundheitsamt. Aber auch wenn wir annehmen, daß dort das Menschenmögliche getan wird, bleiben sehr *ernste Bedenken gegenüber dem heutigen Ausmaß beim Einsatz chemischer Mittel in der Agrarproduktion* bestehen:

1. Alle Richtlinien gelten nur bei sachgemäßer *Anwendung*. Sie kann bei der Prüfung in den Versuchsanstalten unter genau festgelegten Bedingungen gewährleistet sein. Aber wer garantiert in der Praxis von hunderttausenden landwirtschaftlichen Betrieben allein für die Einhaltung der Wartezeiten vor der Ernte oder der Schlachtung?

2. Und können wir überhaupt die *Langzeitwirkungen* beurteilen? Die Fruchtbarkeit und Gesundheit unserer Böden wurden in Jahrhunderten geschaffen. Demgegenüber gelten die Erfahrungen mit den heutigen chemischen Mitteln erst relativ kurze Zeit. Und schon dabei zeigen sich heute Schäden durch Mittel, die vor Jahrzehnten noch ahnungslos eingesetzt wurden oder die aus Belastungen durch langdauernde Einwirkung kleiner Mengen chemisch stabiler Mittel hervorgehen, die nur schwer abgebaut und ausgeschieden werden.

3. Auch werden bei der Prüfung vorwiegend Toleranzen für einzelne Mittel festgelegt. Aber wer kann die Summe der Belastungen aus dem Zusammenwirken der verschiedenen Chemikalien im Boden, im pflanzlichen, tierischen und menschlichen Organismus, das heißt aus der *toxikologischen Gesamtsituation*, beurteilen? Ist nicht auch bei langandauernder Einnahme kleinster Mengen von Fremdstoffen mit der Nahrung eine gefährliche Akkumulation im Körper zu befürchten? Und wie steht es um die Bildung neuer chemischer Verbindungen, von Metaboliten, um völlig unerwartete Reaktionen von Arzneimitteln und Rückständen von Pestiziden im menschlichen Organismus?

4. Schließlich kann in diesem Bereich auch *keine wissenschaftliche Erfahrung endgültig* sein und als absolut richtig gelten. Darauf weist allein die Tatsache hin, daß ständig neue Erkenntnisse gewonnen werden, auf Grund deren bisherige Auffassungen und Mittel überprüft, teilweise als gefährlich erkannt, abgelehnt und durch neue ersetzt werden. Die traurigen Erfahrungen mit DDT und Contergan sollten überall als warnende Beispiele angenommen werden.

Die Schadstofffreiheit ist aber zur Beurteilung der *Qualität unserer Nahrungsmittel* noch nicht alles. Ihr voller Wert ist auch von der Art ihrer Erzeugung abhängig. Mit den bisher bekannten Methoden der chemischen Analysen ist die innere Qualität und Vollwertigkeit nicht sicher festzustellen. Die Wissenschaft arbeitet über die Zellstrahlung daran.[10] Aber bei vielen Erzeugnissen können wir schon über Aussehen und Geschmack ein eigenes Urteil bilden. Vieles schmeckt auf fatale Weise ausdruckslos, die Milch wird nicht mehr sauer, und das Fleisch schrumpft in der Pfanne zusammen. Wer das Kalbfleisch aus der Massentierhaltung mit dem von einem jungen Weiderind, und wer stark getriebene Treibhausprodukte mit natürlich gewachsenem Gemüse und Obst vergleicht, versteht, daß nicht allein der chemische Zusatz, sondern auch die Art der Gewinnung der Nahrungsmittel über ihre Qualität entscheidet, über Geschmack und »Lebensfrische«, wie Bircher-Benner[11] es ausgedrückt hat.

Alles in allem eine negative ökologische Bilanz, wenn man die Ergebnisse unserer heutigen, stark industrialisierten Agrarproduktion betrachtet: von den Belastungen von Boden und Wasser, über die Vernichtung vieler Tier- und Pflanzenarten, zur Zerstörung großer kultureller Werte in unserer Landschaft und ländlichen Sozialstruktur, bis zu den Bedrohungen unserer Gesundheit.

Für die Schäden ist eine Agrarpolitik mit verantwortlich, die auf der Basis überholter Vorstellungen ein sinnloses Mengenwachstum fördert. In der Bevölkerung wächst das Bewußtsein für die Notwendigkeit einer ökologischen Neuorientierung. Ihr Gelingen ist eine Überlebensfrage, für die Landwirte selbst und für die Gesamtgesellschaft.

Im agrarpolitischen Irrgarten

Nach der allzu langen Wachstumspolitik hat seit 1983/84 eine Veränderung der Agrarpolitik begonnen. Doch leider geht es dabei immer noch nicht um eine echte Neuorientierung hin zu den großen gesellschaftspolitischen Aufgaben der Landwirtschaft in einer modernen Industrie- und Dienstleistungsgesellschaft. Noch steht die Verminderung der Überschüsse einseitig im Vordergrund, und bei ihren Bemühungen, trotzdem das Preisniveau zu halten, werden die Politiker zu Aushilfsmaßnahmen gezwungen, deren langfristige bedenkliche Folgen schwer abzuschätzen sind.

Damit stehen wir in einer *Übergangsperiode der Agrarpolitik*, die zum Krisenmanagement mit höchst widersprüchlichen Maßnahmen verkommen ist. Und über die zukünftige Orientierung wird eine kontroverse Diskussion geführt, zwischen extremen Forderungen einerseits nach einer streng marktwirtschaftlichen, andererseits nach einer konsequent sozialen und ökologischen Ausrichtung der Politik. Die Widersprüche zwischen Zielen und Maßnahmen haben eine Schockwirkung unter den Bauern hervorgerufen, die allzu lange in der falschen Vorstellung gehalten wurden, die Wachstumspolitik könne unverändert weitergehen und nun das Vertrauen zu ihrer Verbandsführung verlieren.

Unruhe und Resignation unter den Bauern werden durch negative Prognosen über die Strukturentwicklung verstärkt, in denen sich Statistiker und Ökonomen gefallen, ebenso stolz auf ihre vermeintlichen betriebswirtschaftlichen Einsichten wie arm an Verständnis für die existentiellen Bedürfnisse der Menschen und der Natur. So wird der Zerstörungsprozeß von allen Seiten gefördert, von den einseitigen und inkonsequenten agrarpolitischen Maßnahmen, vom Marktdruck durch die Überschüsse und von einer gezielten Stimmungsmache, die den Bauern den Mut nimmt.

Die Zerstörungsdynamik der Agrarpolitik

Die Forderung des Deutschen Bauernverbandes nach einer konsequenten Politik des Marktausgleiches und zugleich der Verbesserung der Erzeugererlöse ist in ihrer Widersprüchlichkeit eine billige Polemik. Aber auch die deutsche Bundesregierung konzentriert sich noch immer zu stark auf die Einkommenspolitik über Produktionsmengen und Preise, in der Vorstellung, dadurch die Stimmen der Bauern gewinnen zu können.

Doch dafür wäre eine andere Politik erforderlich. Denn der Kampf in Brüssel geht nach wie vor um den *Preis für Getreide*, aus dem weniger als 10% aller Verkaufserlöse hervorgehen. Den Hauptvorteil davon haben die größeren Marktfruchtbaubetriebe auf den besten Böden und mit den ohnehin höchsten Einkommen. Der weitaus größte Teil aller Bauern hat aber nur wenig Getreide zu verkaufen und ist mehr am Milchpreis interessiert oder an den Preisen für tierische Veredlungsprodukte, die vor allem von den Futtermittelimporten beeinflußt werden.

So wird auf Gipfelkonferenzen der höchsten Staatsmänner weiterhin über den Getreidepreis gestritten, als ob es hier um die Zukunft Europas ginge, und den Bauern damit praktisch nur Theater vorgespielt. Und schlimmer noch, bei schnell steigender Produktivität im Getreideanbau wird man nun zur Verminderung der Überschüsse mit der Flächenstillegung zu Maßnahmen gezwungen, die in die falsche Richtung führen.

Der erste große Fehler waren die *Milliarden-Subventionen über die Mehrwertsteuer.* Sie wurden durch den währungspolitisch bedingten Druck auf die deutschen Agrarpreise begründet. Doch gerade diejenigen Familienbetriebe haben das Nachsehen, die mit enger Bindung der Tierhaltung an den Boden noch in natürlichen Kreisläufen wirtschaften und ihre Tiere vorwiegend aus der eigenen Bodenproduktion ernähren. Um so größere Vorteile erreichen aber die Veredlungsbetriebe, die viel Futter zukaufen, ihre Tierhaltung vergrößern, geschickt so organisieren, daß zusätzliche Marktvorgänge anfallen, vielleicht sogar Betriebe durch Scheinverträge teilen, um die Bestandsgrenzen einzuhalten.

Ein größerer Eingriff war die *Kontingentierung der Milchproduktion,* mit bestimmten Quoten für jeden Betrieb, die bei der Ablieferung der Milch an die Molkereien kontrolliert werden. Die Milchüberschüsse erforderten die höchsten Marktordnungskosten, und so hoffte man, den bei zunehmenden Überschüssen drohenden Preissenkungen durch Mengenbegrenzungen zu begegnen. Die Durchführung machte den Bauern ihre zunehmende Abhängigkeit von der Staatsbürokratie bei der Gestaltung ihrer Betriebe drastisch bewußt und steigerte die Unruhe innerhalb der Landwirtschaft.

Sie wurde durch die *problematische Verteilung der Milchkontingente* verschärft. Man ging vom Besitzstand 1983 in der Milchproduktion aus, verlockte kleinere Betriebe durch Subventionen zum völligen Verzicht auf die Milchproduktion, um zusätzliche Kontingente für Landwirte freizumachen, die vorher investiert hatten. Diese sogenannten Härtefälle wurden vornehmlich größeren Landwirten zugeschoben. So kam es zu einer Umverteilung von unten nach oben, die unseren sozialen und ökologischen Forderungen zuwiderläuft.

Hier zeigt sich auch der Hauptfehler, daß die Milchkontingente nicht nach den natürlichen Produktionsbedingungen differenziert wurden. So mußten viele Bauern in den Futterbaugebieten ihre Ausweglosigkeit erkennen. Dort liegen aber zwei Drittel aller Familienbetriebe im mittleren Größenbereich, von denen viele bei absolutem Futterbau kaum Alternativen zur Umstellung ihrer Produktion haben. Manche Bauern mögen zwar zur extensiven Mutterkuh- oder Schafhaltung übergehen können, aber das reicht zur Existenz nur bei nebenberuflicher Bewirtschaftung. Und so wird durch die Kontingentsvergabe die Existenz vieler Bauern in den Mittelgebirgen gefährdet, die zu unseren wertvollsten Wohn- und Erholungsgebieten gehören.

Eine negative Strukturentwicklung in den Ackerbaugebieten wird durch das Programm zur *Stillegung landwirtschaftlicher Nutzflächen* gefördert. Man hofft dadurch, die Überschüsse zu vermindern, um eine aktive Getreidepreispolitik durchsetzen zu können. Bei steigender Produktivität müßten aber wachsende Flächen unbewirtschaftet bleiben. Die weitreichenden Folgewirkungen für die Wirtschafts- und Sozialstruktur und die Lebensverhältnisse in den ländlichen Räumen sind aber bei weitem noch nicht durchdacht.

Gewiß könnte man die Herausnahme gewisser Anteile bestimmter Wirtschaftsflächen für den *Naturschutz* günstig beurteilen, um dadurch eine Vielfalt der Landschaft mit Verbundnetzen von Biotopen in Hecken, Feldgehölzen, Feuchtgebieten und Randstreifen und damit auch die Erhaltung der Arten an Wildtieren und Wildpflanzen zu fördern. Wenn dafür von den Naturschutzverbänden heute 8 bis 10% der bisher bewirtschafteten Flächen genannt werden, dürfte das realistisch sein. Aber es wäre gewiß nur dann sinnvoll, wenn es überall geschieht, gerade auch in den ausgeräumten Landschaften der günstigeren Produktionsgebiete.

Wenn es aber primär um die Überschüsse geht, müßten bei

jährlichen Steigerungsraten der Produktion zunehmend Flächen stillgelegt werden und bald größere Gebiete unbewirtschaftet bleiben. Inzwischen würde aber auch die Intensivproduktion an den günstigen Standorten um so mehr weitergehen, wenn weitere Preissteigerungen den Anreiz dafür geben. Schon hört man von landwirtschaftlichen Beratungsstellen, bei einem mehr marktwirtschaftlichen Konzept der Agrarpolitik findet »Ökologie vorwiegend auf landwirtschaftlich nicht genutzten Flächen statt«.[12]

So besteht die *Gefahr einer räumliche Trennung der wirtschaftlichen und ökologischen Funktionen*: Einerseits eine intensive Produktionslandwirtschaft, in der mit höchstem Einsatz von Stickstoff, Gülle und Pestiziden Giftinseln entstehen, die weit ausstrahlen und in die Tiefe wirken. Andererseits käme es zur Bildung größerer unbewirtschafteter Gebiete in den weniger günstigen Standorten. Eine Folge wäre die Zerstörung bäuerlicher Kulturlandschaften, die sich gerade dort erhalten haben und vom EG-Bergbauernprogramm gefördert werden sollen, um die »Lebensfähigkeit und Besiedlung der Gebiete« zu erhalten. Erst kürzlich sind die Fördergebiete in der Bundesrepublik auf 50% der Gesamtfläche erweitert worden.

Ein Gesichtsverlust der Landschaft durch größere unbewirtschaftete Flächen würde die Entwicklungsaussichten dieser Gebiete negativ beeinflussen. Nur eine kultivierte Umgebung wird auf die Dauer von der Bevölkerung als Lebensraum und Heimat bejaht. Zudem würden die Gebiete in der Monotonie einer ungepflegten Landschaft auch ihre Anziehungskraft für den Fremdenverkehr und die Schaffung gewerblicher Arbeitsplätze verlieren.

Die gesellschaftspolitischen Interessen zielen eindeutig auf die Erhaltung einer Landwirtschaft, in der *wirtschaftliche und ökolo-*

gische Aufgaben in optimaler Verbindung zueinander stehen. Das Ziel dafür kann nur heißen, nicht Landwirtschaft aus der Kultur zu nehmen, sondern die Unkultur umweltschädlicher Produktionsmethoden zu beenden. Das heißt praktisch Verminderung der Bewirtschaftungsintensität.

Andererseits sollten mit der heute vieldiskutierten Umwidmung von Flächen für den *Anbau nachwachsender Rohstoffe* nicht zu große Erwartungen verbunden werden. Zwar ist neben der Nahrungsmittelproduktion die Lieferung von Rohstoffen durch die Landwirtschaft zur Weiterverarbeitung durch die gewerbliche Wirtschaft nichts Neues. Bei Wolle, Flachs und Leder, pflanzlichen Ölen und Fetten besteht hier eine alte Tradition, und für die Verarbeitung und breitere Verwendung mögen verbesserte technische Möglichkeiten zu erschließen sein, mit denen sich heute die Forschung beschäftigt.

Neuerdings wird auch viel von der Herstellung von *Treibstoffen aus Agrarprodukten* gesprochen. Der neue Elsbett-Dieselmotor arbeitet mit Rapsöl, so daß der erforderliche Kraftstoff vielleicht im landwirtschaftlichen Betrieb selbst erzeugt werden könnte. Dabei wäre auch die geringere Kohlendioxydbelastung ein ökologischer Vorteil. Doch die Problematik liegt noch in der Wirtschaftlichkeit der Treibstoffgewinnung aus nachwachsenden Rohstoffen und dementsprechend auch in der Serienfabrikation der dafür geeigneten Motoren.

Ein anderes Projekt, das in Niedersachsen in der Gewinnung von *Bioäthanol* aus Zuckerrüben durchgeführt wurde, war für die Kostengestaltung sehr aufschlußreich: Der Literpreis lag um ein Mehrfaches über dem von Kraftstoff, so daß massive Subventionen erforderlich wurden. Für die Umwidmung größerer Flächen von der Nahrungsmittelproduktion auf die Treibstoffgewinnung bestehen daher auf absehbare Zeit wenig Aussichten.

Ohnehin ist zu beachten, daß jedes Programm zur Energiegewinnung aus nachwachsenden Rohstoffen im deutlichen Gegensatz zu Programmen zur Stillegung von Flächen tritt. *Nichtbewirtschaftung bedeutet Verzicht auf die Eigenenergien*, die auf diesen Flächen in Form der natürlichen, vegetativen Energie über die Sonne gewonnen werden könnten, während die nachwachsenden Energierohstoffe einen hohen Aufwand an Fremdenergien erfordern, die beim Anbau der pflanzlichen Rohstoffe, bei ihrer Verarbeitung und Entsorgung der Abfälle entstehen. So wird der gesamtwirtschaftliche Energiesaldo in der Gegenüberstellung beider hochsubventionierter Programme noch ungünstiger.

Schließlich dürften hier auch die schwerwiegenden ökologischen Probleme nicht übersehen werden: Der Anbau nachwachsender Rohstoffe könnte zum verstärkten Einsatz produktionssteigernder Mittel verleiten und zur Bildung industriemäßiger Spezialbetriebe in ausgeräumten Landschaften führen, dadurch auch erhebliche Nachteile für die bäuerliche Struktur und Umwelt nach sich ziehen. Alles in allem würden hier Aufgaben intensiver Forschung liegen. Doch bei einer wirtschaftlichen und ökologischen Gesamtbeurteilung wird deutlich, daß große Hoffnungen auf einen wesentlichen Beitrag zur Lösung der akuten agrarpolitischen Schwierigkeiten durch verstärkten Anbau nachwachsender Rohstoffe vorerst nicht berechtigt sind.

Falsche Propheten

Mehr und mehr wird die Lösung der wirtschaftlichen Schwierigkeiten in einem *beschleunigten Strukturwandel* gesehen, der von Agrarökonomen mit den Zwängen der technischen Entwicklung begründet wird. Und im Hintergrund besteht auch ein stilles Einvernehmen zwischen Bauernverband und Ministerium: Das

Überschußproblem soll bei möglichst hohen Preisen durch Strukturwandel gelöst werden, wie man die Entwicklung zu größeren, »leistungsfähigeren« Betrieben vornehm umschreibt, die angesichts der Absatzgrenzen nur durch Auflösung kleiner und mittlerer Bauernhöfe möglich wird. Dabei werden soziale Begleitmaßnahmen gefordert, um den Bauern das Ausscheiden aus dem Beruf zu erleichtern und beschleunigt Flächen freizusetzen.

Wir müssen hier die Frage stellen, *ob dieser Strukturwandel wünschenswert ist*, in welchem Ausmaß und in welcher Richtung er sinnvoll sein könnte und uns mit den Begründungen dafür auseinandersetzen.

Man mag davon ausgehen, daß die Strukturveränderungen der Landwirtschaft ein Preis für den Wohlstand seien, den wir dem technischen Fortschritt zu verdanken haben. Aber das ist gerade die *Zukunftsfrage*: Ist die Verarmung unserer ländlichen Sozialstruktur wirklich eine zwangsläufige Folge des wirtschaftlichen Wachstums? Wohlstand ist mehr als die Verfügbarkeit über Geld und Verbrauchsgüter. In Deutschland sind entleerte Dörfer bisher extreme Beispiele, noch werden Dörfer und Landschaften in weiten Gebieten von Klein- und Mittelbauern lebendig erhalten. Aber wir stehen vor einem Abgrund: Die Technokraten sprechen von einem Strukturdefizit, und manche Agrarökonomen überbieten sich – blind für die sozialen und ökologischen Zusammenhänge – in Prognosen für die schnelle weitere Abnahme der bäuerlichen Betriebe. Sind das wirklich »Sachzwänge«, wie uns entgegengehalten wird, oder sind es nur Zwänge aus einem einseitigen interessenpolitischen Denken?

Auf den ersten Blick erscheint es einleuchtend: Die Produktionsmengen der Landwirtschaft sind über den Bedarf hinausgewachsen, die Produktivität nimmt auf Grund technischer Fortschritte weiter zu, also müssen wir den Einsatz an Produktionsfaktoren vermindern.

Wissenschaftlich ausgedrückt geht es hier um *drei Hauptpro-
duktionsfaktoren*: Boden, Arbeit und Kapital. Strukturwandel
vollzog sich seit dem Ende des Zweiten Weltkrieges in einer Um-
kombination der Faktoren: Bei erheblicher Steigerung des Kapi-
taleinsatzes in Form industrieller Produktionsmittel und gleich-
zeitiger Abnahme der Arbeitskräfte erfolgte eine Veränderung
der inneren Struktur der Betriebe und der Verminderung ihrer
Anzahl. Je Hektar Wirtschaftsfläche nahm der Kapitaleinsatz in
den verbleibenden Betrieben erheblich zu, während der Arbeitseinsatz abnahm und damit die Wirtschaftsweise veränderte. Eine
Fortsetzung dieses Strukturwandels würde mit der weiteren Abnahme der Betriebe und Arbeitskräfte zwangsläufig zur Erhöhung der Kapitalintensität führen.

Und hier stellt sich schließlich die *Kernfrage nach den sozialen
und ökologischen Auswirkungen eines solchen Strukturwandels*.
Die wirtschaftlichen Auswirkungen der Abnahme von Betrieben
und Arbeitskräften sind leicht zu berechnen, und so scheint der
Gedanke einleuchtend: Wir müssen ein begrenztes Absatzvolu-
men auf weniger Landwirte verteilen, um deren Einkommensentwicklung zu sichern. Wer es bei dieser Antwort bewenden
läßt, übersieht aber das Entscheidende: die Auswirkungen eines
solchen Strukturwandels auf die Lebensumwelt der Gesamtgesellschaft. Zwar wird hie und da zugegeben, daß die Landwirtschaft »externe Effekte« hat, soziale und ökologische Auswirkungen. Aber sie lassen sich nur schwer quantifizieren, und so
halten es viele Wissenschaftler mit Faust, den Goethe zu Wagner
sagen läßt: »Was ihr nicht rechnet, glaubt ihr, sei nicht wahr.«
Wagner ist hier bei Goethe der Typ des zwar bemühten jungen
Wissenschaftlers, der aber die großen Zusammenhänge nicht
sieht.

Die betriebswirtschaftliche Planung hat durch die moderne
Ökonometrie eine große Verfeinerung erreicht. Darüber wird

leicht übersehen, daß die Landwirtschaft mit Lebewesen und Naturkräften arbeitet und daß der *Produktionsfaktor Boden* kein Verbrauchsgut ist, sondern als Ökosystem eine Voraussetzung des Wachstums und damit der Produktion bildet. Der Boden ist auch nicht nur Standort der Produktionsstätte wie in der Industrie, sondern zugleich Lebensraum der Gesamtgesellschaft, zugespitzt: Die Landwirtschaft produziert in unserem Wohnzimmer, und unser aller Leben und Wohlbefinden hängen bis in die seelischen Bereiche hinein davon ab, wie wir diesen Wohnraum ausgestalten.

So wäre es grundfalsch, zur Verminderung der Überschüsse auf den Einsatz von Böden und Menschen zu verzichten; Boden ist der knappste und absolut unvermehrbare Produktionsfaktor. Und Ausscheiden der Menschen heißt Auslöschen der bäuerlichen Identität und Zerstörung alter ländlicher Kultur. Statt dessen müßte der *Einsatz des Produktionsfaktors Kapital verringert* werden. Praktisch heißt das Extensivierung der Wirtschaftsweise. Das EG-Extensivierungsprogramm vom Sommer 1989 wäre dafür ein erster richtiger Schritt.

In der derzeitigen Diskussion über den Strukturwandel werden die besonderen natürlichen Produktionsbedingungen der Landwirtschaft zu wenig beachtet, die gerade bei der modernen Agrartechnik von erhöhter Bedeutung sind. Landwirtschaftliche Produkte entstehen nur in Verbindung mit Lebensvorgängen im Boden, in pflanzlichen und tierischen Organismen, die nur im *Gleichgewicht natürlicher Ökosysteme* gesund und »nachhaltig« leistungsfähig sind, wie es im Landwirtschaftsgesetz heißt. Hier liegt der deutliche Unterschied gegenüber der Industrie: Die Landwirtschaft hat nicht nur äußere Auswirkungen auf Umwelt, Luft und Wasser, durch Emissionen, die meßbar und durch Gebote und Verbote zu vermindern oder zu verhindern sind. Von einer Wirtschaftsweise in der natürlichen Vielfalt organischer

Verbundsysteme hängt es ab, ob von der Landwirtschaft positive oder negative externe Effekte auf Umwelt, Natur und Landschaft ausgehen.

Die bisherige *Diskussion über den Strukturwandel* läßt aber leider wenig Verständnis für diese Zusammenhänge erkennen. In der Argumentation geht es primär um die Interessen einzelner Landwirte. Wie selbstverständlich gehen die Prognosen davon aus, daß die Verringerung der Anzahl und dabei Vergrößerung der verbleibenden Betriebe bereits ein Vorteil an sich wäre. Dabei werden sehr anfechtbare Begründungen vorgebracht.

Da wird von einem deutschen *Strukturdefizit* auf Grund zu geringer Betriebsgrößen gesprochen. Die deutschen Betriebe liegen mit 18 ha etwas über dem statistischen Größendurchschnitt in der EG. Dabei haben wir die höchsten Anteile der nebenberuflichen Landwirtschaft, so daß bei den Haupterwerbsbetrieben mit etwa 31 ha noch weniger von einem Rückstand gesprochen werden kann, zumal die deutsche Landwirtschaft in ihrer naturalen Produktionsleistung in Getreideeinheiten je ha weit über dem EG-Durchschnitt liegt. Und was soll eine so einseitige Betrachtung mit dem durchschnittlichen Flächenumfang in einem Raum vom Atlantik bis zum Mittelmeer mit völlig unterschiedlichen wirtschaftlichen, klimatischen und geologischen Bedingungen und dementsprechender Anbauvielfalt? Man schämt sich fast, auf diese primitiven Argumente eingehen zu müssen. Denkt man da etwa an eine Strukturpolitik zur Vereinheitlichung der Betriebsgrößen in der EG? Das wäre auch wirtschaftlich völlig sinnlos und – aufs Ganze gesehen – eine Politik zur Zerstörung der kulturellen Vielfalt, die den Reichtum Europas bildet. Und von jeher lebten auch die deutschen Landwirte bei großen natürlichen Unterschieden in verschiedenen Betriebsgrößen. Eine Einheitsgröße von Schleswig-Holstein bis nach Südbaden oder Ostbayern wäre doch eine völlige Utopie.

Aus einer umfassenderen Sicht könnte man ganz im Gegenteil von den ökologischen und gesellschaftspolitischen *Vorzügen dieser deutschen Agrarstruktur* sprechen. Wir haben noch einen Grundbestand bäuerlicher Betriebe, die in natürlichen Kreisläufen wirtschaften, und eine Sozialstruktur mit breiter Einkommensstreuung und belebten ländlichen Räumen. Frankreich hat pro Kopf der Bevölkerung dreimal soviel Fläche wie die Bundesrepublik und dementsprechend weite, dünn bevölkerte Gebiete. Und was für Vorteile bedeuten die größeren Betriebe in Großbritannien für das Land? Allenfalls höhere Einkommen für ein paar tausend größere Landwirte – und von daher wird deutlich, welche Interessen hinter dieser ganzen Argumentation mit der Betriebsgröße stecken.

Hier wird dann eingewandt: Wir brauchen unternehmerische Landwirte und wettbewerbsfähige Betriebe und dürfen keine Marktanteile an andere Länder verlieren. Und damit werden nun neue Ideologien aufgebaut.

Was könnte *Wettbewerbsfähigkeit* in diesem Zusammenhang bedeuten? Der bestehende Schutz der Landwirtschaft durch Marktordnungen mit festen Preisen und Absatzgarantien wurde doch immer damit begründet, daß sie auf Grund ihrer besonderen Abhängigkeit von der Natur nicht dem freien Wettbewerb ausgesetzt werden darf. Das gilt bei der heutigen Agrartechnik um so mehr, als sich sonst größere und spezialisierte Betriebe durchsetzen, die ihre höheren Gewinne auf Kosten der Natur erreichen. Und wenn eingewandt wird, daß wir mit mehr umweltgerecht wirtschaftenden Betrieben *Marktanteile* gegenüber anderen Ländern verlieren könnten, vielleicht mit einem Blick auf die Intensivlandwirtschaft der Holländer, sollte doch die dortige Entwicklung eher eine Warnung für uns sein. Und gewiß wäre es auch nicht klug, unwiederbringliche Naturgüter für Marktanteile zu opfern.

Aber dann wird viel von *unternehmerischen Landwirten* und vom Wachstum der Betriebe gesprochen. Doch wird hier nicht ein Begriff ganz falsch angewandt? Unternehmerisch handeln doch in Wirklichkeit gerade die alternativen Landwirte, die in der Entwicklung ökologischer Wirtschaftsmethoden sowohl in der Produktion wie am Markt – ganz aus eigener Kraft – echte unternehmerische Leistungen erbringen. Fälschlich werden aber gerade diejenigen Landwirte als unternehmerisch bezeichnet, die ihre Betriebe vergrößern, besonders findig sind, dafür die höchsten Subventionen herauszuholen und die sich dabei rücksichtslos gegen die Natur und die eigenen Berufskollegen durchsetzen.

Doch diese »unternehmerisch« gelobten Wachstumsbetriebe sind im Grunde die eigentlichen *Problembetriebe*. Vom Wirtschaften in natürlichen Kreisläufen sind sie weit entfernt und bei einseitigem Anbau oder konzentrierter Tierhaltung ist eine hohe Intensität im Einsatz von Düngemitteln, Pestiziden und Medikamenten im Stall erforderlich. Die überdurchschnittlichen Produktionserträge erfordern hohe Aufwendungen, so daß die Betriebe bei geringsten Gewinnraten empfindlich auf kleine Veränderungen in Preisen und Erntemengen reagieren. Infolgedessen sind sie zur Sicherung ihrer Einkommen um weitere Vergrößerung der Flächen und Viehbestände bemüht. Und dafür soll ihnen der Staat Flächen freikaufen, Investitionen subventionieren und schließlich ihre hohen Marktordnungskosten übernehmen. Krisenempfindlichkeit und hohe Kapital- und Arbeitsbelastungen führen dann zu den üblichen Notrufen.

Sind wir hier nicht mit einer modischen Verkleidung wieder zu *alten Ideologien* zurückgekehrt? Im Reichsnährstand sprach man vom Erbhof oder Herrenbauer und meinte damit den alten Großbauernbetrieb. Der basierte damals mit der billigen Arbeit von Gesindekräften auf einem sozialen Defizit, der heutige hochtechnisierte Wachstumsbetrieb dagegen auf einem ökologischen Defizit.

Aber hier kommt sogleich die heftige Abwehr seitens der Fortschrittsmechaniker. Sie träumen vom *technischen Fortschritt*, reden von den Sachzwängen der Entwicklung und glauben, daraus ein Bild der Landwirtschaft im Jahre 2000 voraussagen zu können. Der Computer macht's möglich, die Natur bleibt ausgespart und der Mensch auf seine materiellen Interessen reduziert. So wird hier die ganze geistige Enge der heutigen Agrarökonomie deutlich, die mit dem Begriff Sachzwänge in Denkzwänge geraten ist, in die falsche Vorstellung eines Geschichtsablaufes in mechanistischer Zwangsläufigkeit, die praktisch zu einer Bankrotterklärung unserer Politik führt.

Wohl gibt es zu jeder Zeit bestimmte Möglichkeiten und Tendenzen der Entwicklung. Die Einsichten dafür lassen uns nicht nur die bestehenden Chancen, sondern auch die Gefahren erkennen: Die Fortsetzung der bisherigen Agrarpolitik führt in eine Entwicklung, bei der es zuletzt nur Verlierer gibt. Wir stehen am *kritischen Umschlagspunkt*. Es kann weder darum gehen, an Produktionsmethoden von gestern festzuhalten, noch, sich der Technik bedenkenlos auszuliefern, wie wir es in einer Übergangszeit unbefangen getan haben. Aufgabe ist die Verbindung von Agrarproduktion und Umweltgestaltung auf hohem technischen Niveau, bei Anpassung der Agrartechnik an die immer gültigen Naturgesetze. Für die junge Generation der Landwirte könnte das eine faszinierende Aufgabe sein, wenn sie ihr durch die heutige Agrardiskussion gestörtes Selbstbewußtsein wiederfindet.

Der betrogene Bauer

Wir betreiben eine Agrarpolitik, als ob es nichts Wichtigeres gäbe als die Spitzeneinkommen von ein paar tausend größeren Landwirten. Deren Förderung muß natürlich versteckt geschehen, über bestimmte agrarpolitische Maßnahmen, die mit der angeblichen Not der kleinen und mittleren Bauern begründet werden. Sie vergrößern aber in Wirklichkeit die Gewinne der ohnehin Wohlhabenden.

Seit über hundert Jahren wird die deutsche Agrarpolitik von einer kleinen Gruppe größerer Landwirte beherrscht, die mit elitärer Arroganz auftreten und die Verfolgung eigener Interessen mit ihrem Einsatz für das Gemeinwohl begründen. Dabei gelingt es ihnen sogar, mit dem Appell zur Solidarität die große Masse der Bauern gegen deren eigene Interessen zur Unterstützung ihrer Politik zu gewinnen.

Diese Agrarpolitik kostet die deutsche Volkswirtschaft jährlich Milliarden, die aber den wirklich Bedürftigen am wenigsten zukommen, so daß man mit deren Not immer neue Subventionen herausholen kann. Nun ist dieses verlogene Spiel aber bald zu Ende, die Zahl der Bauern nimmt drastisch ab, und so führt die *Zerstörung unserer bäuerlichen Kultur auch in eine ökologische Tragödie.* Die von der Agrarpolitik geförderten größeren, »unternehmerischen« Betriebe zerstören Landschaft und Umwelt und führen obendrein mit dem Druck auf die Preise zur Verdrängung der letzten noch naturgerecht wirtschaftenden Bauern.

Welche großen *Chancen einer umweltgerechten Landwirtschaft* in der Unterstützung durch die Gesamtgesellschaft bestehen, hat die Verbandsführung leider immer noch nicht begriffen. Sie beklagt die »Umwelthysterie«, und noch auf dem deutschen Bauerntag 1989 hat der Präsident erklärt, »auch Bauern hätten ein Existenzrecht, nicht nur Orchideen und Schmetterlinge«.

Zeichen eines erschreckenden Unverständnisses: Es geht doch gerade nicht um eine Alternative, sondern um die Förderung von Betrieben, in deren natürlicher Vielfalt auch Schmetterlinge leben können.

Bei der Förderung der größeren Betriebe mit spezialisiertem Ackerbau oder Massentierhaltung, die nun mit allen agrarpolitischen Maßnahmen vorangetrieben wird, nimmt die Anzahl der Bauern schnell ab, und so ist der Bauernverband wohl der einzige Interessenverband, der zwar indirekt, aber doch planmäßig seinen Mitgliederbestand verringert. Viele Politiker wissen das und lassen den Verband mit dieser einseitigen Agrarpolitik stillschweigend gewähren, in der Hoffnung, daß seine Kraft als politischer Störungsfaktor mit den wenigen verbleibenden Mitgliedern geringer wird.

Doch dieser Schrumpfungsprozeß ist alles andere als ein Anlaß zur Genugtuung. In der großen Umweltbedrohung unserer Zeit könnte die Landwirtschaft Gegenkräfte entfalten und zu einer kultivierten und gesunden Umwelt beitragen. Doch die Politik ist einseitig und verständnislos, im Vordergrund steht die technische Rationalisierung, bei der die Naturgesetze zu wenig beachtet werden. So heißt es in einem Vorschlag der deutschen Agrarministerkonferenz vom Oktober 1989: »Das ökonomische Umfeld zwingt die Land- und Forstwirtschaft, bei der Erzeugung von Nahrungsmitteln und Rohstoffen industrielle Produktivitätsmaßstäbe anzulegen. Das bedingt Rationalisierung und erhöhte Intensität.«

Diese einseitige Betrachtung beginnt schon in der agrarökonomischen Wissenschaft, sie stützt damit die Politiker in ihren Maßnahmen, beeinflußt die Wirtschaftsberatung und verunsichert gerade die noch umweltgerecht wirtschaftenden Bauern, die wir für die Zukunft dringend brauchen.

Alles läuft letzten Endes auf die *Förderung der größeren Be-*

triebe mit günstigen Produktionsbedingungen hinaus, auf den alten Großbauernhof in modernisierter Form. Da steht zunächst der Kampf um den Getreidepreis im Vordergrund. Der ist ein Interesse der Marktfruchtbaubetriebe, das sind rund 16% mit den höchsten Durchschnittseinkommen, davon fast zu einem Viertel aus dem Getreideanbau. 72% aller Betriebe sind aber Futterbau- und Gemischtbetriebe, die Masse der Bauern, die kaum Getreide verkaufen, teilweise sogar mehr zukaufen und immer vorwiegend von tierischen Veredlungsprodukten lebten. Ihre Existenz vernichten nicht die Brüsseler Getreidepreise, sondern die Großbauern mit Massentierhaltungen, die zu Lasten der Umwelt und der Nahrungsqualität die Preise tierischer Produkte drücken und den Bauern die Marktanteile wegnehmen.

Auch bei vielen anderen Maßnahmen werden die größeren Betriebe bevorzugt. Das beginnt mit den Bodenverkehrs- und Landpachtgesetzen, die von den Ämtern gern als Mittel zur Betriebsvergrößerung ausgelegt werden; das gilt für die Sozialpolitik, bei der die staatlichen Subventionen immer noch so verteilt werden, daß die kleinen Betriebe von ihren geringeren Einkommen höhere Anteile zahlen müssen. Da ist dann das EG-Bergbauernprogramm von 1975, dessen in Brüssel vereinbarte Ausgleichszulagen den ärmsten Bauern in den von Natur benachteiligten Gebieten bis 1983 weitgehend vorenthalten wurden. Dann folgte die Garantiemengenregelung für Milch, da verlockte man kleine Betriebe zur Aufgabe ihrer Kuhbestände, die freigemachten Quoten wurden als sogenannte Härtefälle größeren Betrieben zugeschoben, und die dringend notwendige Verteilung der Quoten nach den natürlichen Futterflächen unterblieb.

Und schließlich mußte nach den vielfachen Beteuerungen, vor allem den kleinen und mittleren Bauern Hilfe geben zu wollen, die Nachricht von den *Milliardensubventionen über die Mehrwertsteuer* allgemein als Schock wirken. Plötzlich waren Milliarden für eine an die Umsätze gebundene Subventionierung vorhanden, die gerade die größeren Intensivbetriebe und Viehbestände weit mehr begünstigt als die Masse der Bauern mit eigenen Futtergrundlagen. Auf Verlangen der EG-Kommission mußten nun Teile dieser Subventionen auf die Fläche verteilt werden. Minister Kiechle wollte damit ganz richtig vor allem Betriebe mit bodengebundener Viehhaltung begünstigen. Geschickt hat der Bauernverband aus dem Hintergrund eine Heraufsetzung der Obergrenzen erreicht, so daß praktisch auch größere Viehbestände mit bis zu 120 Milchkühen, 1700 Mastschweinen oder 100 000 Masthähnchen gefördert werden können. Damit ist aber der Begriff Gesetz zur Förderung der bäuerlichen Landwirtschaft praktisch ein Etikettenschwindel geworden.

Die *wachsenden Einkommensunterschiede innerhalb der Landwirtschaft* sind ein Ergebnis dieser einseitigen Politik. Der Agrarbericht 1990 weist sogar innerhalb der Vollerwerbsbetriebe *12,5-fache Einkommensabstände* zwischen 8400 und 105 700 DM für ganze Gruppen aus, nicht etwa nur für einzelne Betriebe (s. auch S. 93). Doch auf jeden Hinweis darauf reagiert der Bauernverband empfindlich, und auf geheimnisvolle Weise gelingt es, die staatlichen Hilfen so zu lenken, daß die hohen Einkommen der größeren Betriebe noch kräftig weiter aufgestockt werden. Die Masse der kleineren Bauern wird allenfalls am Tropf gehalten, damit man mit ihrer Not weitere Forderungen begründen kann, die dann wieder vorzugsweise den ohnehin Wohlhabenden zugute kommen.

Wenn diese *inneren Widersprüche der Agrarpolitik* von den Bauern selbst immer noch zu wenig erkannt werden, mag das Gefühl der Gruppenzugehörigkeit mitwirken, die auf den besonderen Lebensumständen des bäuerlichen Berufes beruht. So neigt man dazu, die eigenen Schwierigkeiten am Versagen der staatlichen Führung zu erklären, sich als Opfer anderer Interessengruppen oder der Europäischen Gemeinschaft zu fühlen. Und über eine geschickt gesteuerte Verbandspresse gelingt es der Bauernführung, die Masse über die eigentlichen Ursachen der einseitigen Agrarpolitik im Unklaren zu lassen und sie zur Solidarität zu gewinnen.

Wie kann eine kleine Gruppe so großen politischen Einfluß ausüben, wie ist es möglich, daß jede Regierung selbst gegen ihre eigenen Grundsätze zu besonderen finanziellen und wirtschaftspolitischen Maßnahmen veranlaßt wird, die kritischer Betrachtung nicht standhalten? Um das zu verstehen, muß man die besondere Struktur der Landwirtschaft und ihrer Führung kennen.

Mit den Großbauern hat sich eine kleine Gruppe aus der vorindustriellen Sozialverfassung bis in unsere Zeit erhalten, die alle Institutionen im Agrarbereich weitgehend beherrscht. In jedem Bundesland führt einer von ihnen den Bauernverband, einer wird Minister für Landwirtschaft, einige übernehmen die Leitung der Genossenschaften und der mit der Landwirtschaft verbundenen Institutionen. Andere besetzen Positionen in Verbänden, Parteien und Parlamenten.

Die Söhne studieren Landwirtschaft, lernen in der Agrarökonomie Optimalmodelle für »unternehmerische« und »wettbewerbsfähige« Betriebe zu entwickeln, vielleicht bei Agrarwissenschaftlern aus ihren Kreisen. Sie werden dann in Landwirtschaftsämtern und Beratungsstellen tätig, im Verbandswesen, übernehmen Aufgaben in Ministerien und wissenschaftlichen Instituten und entwerfen dort Strukturprogramme, in denen ihre heimischen Betriebe die Leitbilder sind.

So schließt sich der Kreis, und das wird so lange weitergehen, wie in allen Parteien die entsprechenden Positionen von größeren Landwirten besetzt werden, die sich dann bei angepaßtem Verhalten gegenseitig mit Orden und Ehrenzeichen auszeichnen. Die große Masse der kleinen und mittleren Bauern sind die Verlierer. Daß sie sich als Opfer der EG fühlen, zeigt, daß die Täuschung gelungen ist. In Wirklichkeit werden sie von der eigenen Führung im Stich gelassen, solange es sie überhaupt noch gibt.

Doch dabei geht es um die Zukunft unseres Landes. Und so wären wir alle die Verlierer, wenn nicht bald eine konsequente Umorientierung der Agrarpolitik auf die Erfordernisse der Sozialstruktur ländlicher Räume, der Umwelt und unseres Naturhaushaltes gelingt.

Wo stehen wir nun?

Eine große Ungewißheit liegt über der deutschen und europäischen Agrarpolitik. Sie überträgt sich auf die Bauern und große Teile der ländlichen Bevölkerung und wird durch die übertriebenen Klagen des Bauernverbandes verschärft. Der Blick für die Realitäten droht verlorenzugehen.

Im Hinblick auf die Zukunft ist unsere erste Aufgabe, auf den Boden der Tatsachen zurückzukehren. Von welchen Strukturen können wir ausgehen? Wie viele Menschen leben noch in der Landwirtschaft? Wie ist ihre soziale Lage und ihre Position im ländlichen Raum? Hier heißt es, zunächst ein Bild klarer Tatbestände zu schaffen.

Landwirtschaftliche Betriebe und Arbeitskräfte

Stärke und Schwäche Europas – der Reichtum seiner Vielfalt und die Schwächen seiner Uneinheitlichkeit – kommen in der *Vielgestaltigkeit der europäischen Regionen* in besonderer Weise zum Ausdruck. Im bunten Bild der Landschaften, das sich von Skandinavien bis zum Mittelmeer ausbreitet, wechseln auf engem Raum so vielfältige wirtschaftliche und soziale Formen miteinander ab, wie sonst kaum in der Welt.

Sie sind *Zeugnisse alter Kulturen*, die auf der Basis unterschiedlicher Naturbedingungen aus den geistigen und weltanschaulichen Kräften der Völker unter dem Einfluß politischer und wirtschaftlicher Entwicklungen zu den besonderen Lebensformen der verschiedenen europäischen Völker geführt haben. Zu ihrer Beschreibung sind die verfügbaren statistischen und wirtschaftlichen Kriterien höchst unzulänglich.

Die gemeinsame Regional- und Agrarpolitik geht jedoch von dem Ziel einer Vereinheitlichung der ländlichen Strukturen aus, die mit der Gefahr einer Zerstörung wesentlicher kultureller Besonderheiten in den europäischen Landschaften verbunden ist. Andererseits stehen uns für die Wirtschafts- und Agrarpolitik nur die statistischen und wirtschaftlichen Kriterien zur Verfügung. Wenn wir uns hier bei den folgenden Betrachtungen darauf beschränken müssen, sollten wir uns dabei der Unzulänglichkeit dieses Vorgehens bewußt bleiben und die Unterschiede in den Kulturen und Lebensanschauungen der Völker mindestens »im Hinterkopf« behalten.

Beginnen wir mit einer *Übersicht der landwirtschaftlichen Betriebe*. Die Statistik bietet in der Fläche einen objektiven Maßstab für die Betriebsgrößen. Er gibt aber über die natürlichen Standortbedingungen, die Produktionsweise und den wirtschaftlichen Entwicklungsstand der Betriebe keine Auskunft und kann die Sozialverfassung allenfalls andeutungsweise wiedergeben. Die folgende Übersicht (S. 79) der landwirtschaftlichen Betriebe in der EG-12 kann uns daher nur grobe Anhaltspunkte zur Beurteilung der landwirtschaftlichen Strukturen bieten.

Aufs Ganze gesehen besteht in *Westeuropa eine überwiegend bäuerliche Struktur* mit allerdings sehr unterschiedlichen Schwerpunkten in den einzelnen Ländern. Die rund 4,55 Mio. Kleinbauern mit weniger als 10 Hektar LF konzentrieren sich vor allem auf Italien, Griechenland, Spanien und Portugal. Sie betreiben dort entweder speziellen Anbau von Obst, Gemüse und Wein oder nur traditionelle Selbstversorgung, die mit dem gerin-

Landwirtschaftliche Betriebe nach Größenklassen der LF (1987)

Land	Betriebsgrößen in ha/LF						
	< 1	1–5	5–10	10–20	20–50	> 50	zusammen > 1 ha
	Zahl der Betriebe in 1000						
BR Deutschland	34	197	118	149	166	41	671
Frankreich	70	166	107	175	299	165	912
Italien	810	1340	333	171	92	38	1974
Niederlande	15	29	22	29	32	5	117
Belgien	14	22	14	19	19	5	79
Luxemburg	0	1	0	1	1	1	4
Ver. Königreich	17	33	30	37	62	81	243
Irland	0	35	33	63	66	20	217
Dänemark	1	2	14	22	34	15	86
Griechenland	250	488	141	54	18	4	704
Portugal	251	278	58	28	13	7	384
Spanien	252	821	292	190	145	93	1540
EG-12	1715	3411	1163	936	946	473	6930

gen Entwicklungsstand der dortigen gewerblichen Wirtschaft zusammenhängt. In den nördlichen Ländern dagegen dürfte die Mehrzahl der Betriebe unter 10 Hektar nur in Kombination mit anderen Erwerbstätigkeiten bewirtschaftet werden, das heißt also mit Zuerwerb oder im Nebenberuf.

Die *deutsche Betriebsgrößenverteilung* ist mit der in Belgien, Dänemark und den Niederlanden am ehesten vergleichbar, insbesondere mit dem Schwergewicht bei den Familienbetrieben im Bereich von 20 bis 50 Hektar LF. Dabei liegt aber die Bewirtschaftungsintensität, gemessen an der realen Produktion in Getreideeinheiten je Hektar, in den deutschen Betrieben weit über dem EG-Durchschnitt. Dagegen sind in Frankreich bei der größeren Weite des Landes die Betriebe der Fläche nach durchschnittlich etwas größer. Weit aus dem Rahmen fällt das Vereinigte Königreich mit überwiegend größeren Betrieben, wie sie im 18. und 19. Jahrhundert auf Grund der Zerstörung des Bauerntums durch die Feudalherrschaft entstanden sind, in ihrer heutigen Intensität aber weit unter dem EG-Durchschnitt liegen.

Um so weniger kann es sinnvoll sein, die durchschnittlichen Betriebsgrößen ganzer Länder in Hektar anzugeben. In der deutschen Durchschnittsgröße von etwa 18 Hektar können *Betriebe in ganz verschiedenen wirtschaftlichen und sozialen Formen* vorkommen: als hauptberufliche Familienbetriebe, als nebenberuflich bewirtschaftete Kleinbetriebe unter ungünstigen Naturbedingungen, als Betriebe mit Massentierhaltung, als Garten- und Weinbaubetriebe bis zu Spezialbetrieben mit Lohnarbeitskräften und Millionenumsatz. Im europäischen Maßstab sind die Unterschiede noch weit größer: Der Weinbauer in Burgund, der Ziegenhalter auf dem Peloponnes und der Massentierhalter in Holland leben zwar in derselben statistischen »Betriebsgrößenklasse«, aber doch jeder in einer anderen Welt. So wäre es töricht, in der europäischen Strukturpolitik eine Annäherung der Betriebsgrößen nach ihren Flächen anzustreben.

Das Entwicklungsbild der deutschen Betriebe zeigt eine laufende Verringerung. Früher standen nach ihrer Anzahl die Selbstversorgerbetriebe weit im Vordergrund: Bei der ersten Zählung in der Bundesrepublik im Jahre 1949 lag die Gesamtzahl noch bei knapp 2 Mio. Betrieben, davon hatten 60% weniger als 5 Hektar.

Die Gesamtzahl war bis *1989 auf 647000 Betriebe zurückgegangen.* Die Durchschnittsgrößen sind gewachsen, die bäuerliche Struktur ist aber weitgehend erhalten geblieben. Der größte Teil der Nutzflächen wird im landwirtschaftlichen Haupt- oder Nebenberuf bewirtschaftet. Allerdings schreitet die Konzentration schnell fort, wie die Agrarberichte zeigen: Auf nur 12% aller

Betriebe entfielen 1988 bereits 37% des Gesamteinkommens der deutschen Landwirtschaft und ihrer Marktproduktion. Dabei bewirtschafteten sie 34% der gesamten LF und hielten rund 50% der Schweine und 40% der Hühner. Die größte Zunahme der Betriebe liegt in der Gruppe mit Durchschnittsgrößen über 150 ha LF.

Nach den deutschen Agrarberichten wird heute knapp die *Hälfte der Betriebe im Vollerwerb* bewirtschaftet, die übrigen im Nebenberuf oder mit außerlandwirtschaftlichem Zuerwerb. In Wirklichkeit sind die Einkommensverflechtungen aber größer, da die Zurechnung der Betriebe nur von den Erwerbseinkommen des Betriebsleiterehepaares ausgeht und weder die Sozialeinkommen noch Einkommen anderer Familienangehöriger berücksichtigt. Ermittlungen des Statistischen Bundesamtes geben ein etwas anderes, wahrscheinlich wirklichkeitsnäheres Bild: Danach waren 1988 nur 36% aller Betriebe ohne außerlandwirtschaftliche Einkommen, das heißt 64% waren Neben- und Zuerwerbsbetriebe.

Die Einkommenskombination oder Mehrfachbeschäftigung in Deutschland ist nicht nur eine Übergangsform von der hauptberuflichen Bewirtschaftung bis zur völligen Auflösung der Betriebe, wie teilweise irrtümlich angenommen wird. Über Jahrhunderte war die *Erwerbskombination eine stabile Lebensform*, in Deutschland hatten auch große Teile der städtischen Bevölkerung landwirtschaftliche Kleinbetriebe zur Selbstversorgung. Und abgesehen von den an Kohle und Stahl gebundenen Industrien entwickelte sich die gewerbliche Wirtschaft im 19. Jahrhundert gerade in den kleinbäuerlichen Gebieten in Süd- und Westdeutschland, in denen noch heute dezentralisierte Standorte leistungsfähiger Industrien in Verbindung mit vielfältigen Formen der Landbewirtschaftung bestehen.

Gewiß wurden in den vergangenen 40 Jahren auch viele Betriebe mit Erwerbskombinationen aufgelöst oder in ihren Flächen vergrößert. Doch ihr Anteil an der Gesamtzahl aller Betriebe ist gleichgeblieben oder gewachsen. In diesem Sinne haben sich die Bauern klug verhalten.

Wenn die Agrarberichte bemüht sind, die Vollerwerbsbetriebe stärker herauszustellen, tragen sie damit zu einer gefährlichen *Überschätzung der Möglichkeiten für die weitere Verminderung von Betrieben* und Arbeitskräften bei. Bei realistischer Einschätzung gibt es heute in der Bundesrepublik nicht mehr als 200 000 bis allenfalls 250 000 landwirtschaftliche Vollerwerbsbetriebe, und bei Fortsetzung oder sogar Beschleunigung ihrer bisherigen Abnahme wäre bald der letzte deutsche Bauer verschwunden.

Für alle Zukunftsüberlegungen zur Agrarpolitik ist auch die *Überschätzung des Potentials an landwirtschaftlichen Arbeitskräften eine besondere Gefahr.*

Im Jahre 1988 gab es in der gesamten Bundesrepublik nur noch rund *357 000 vollbeschäftigte männliche Arbeitskräfte* in den bäuerlichen Familien. Außerdem wurden 50 000 Lohnarbeitskräfte beschäftigt. Von diesen Zahlen muß bei der Diskussion um den Strukturwandel ausgegangen werden.

Die in der Erwerbstätigenstatistik mit 4,7% in der Landwirtschaft ausgewiesenen 1,22 Mio. Erwerbstätigen sind überwiegend nur teilbeschäftigt und führen zu falschen Vorstellungen über das bestehende Arbeitspotential. Vom Bundeslandwirtschaftsministerium wird daher eine Umrechnung auf Arbeitskräfteeinheiten vorgenommen, zuletzt rund 820 000. Aber auch diese Zahlen sind mit den Erwerbspersonen der übrigen Wirtschaft kaum zu vergleichen.

Aus der kritischen Betrachtung der verschiedenen Statistiken ergibt sich, daß *Agrarbevölkerung und Arbeitskräfte der Land-*

wirtschaft bei weitem überschätzt werden. Die statistisch erfaßten Erwerbstätigen oder Familienarbeitskräfte sind in der Mehrzahl Teilbeschäftigte und weitgehend in den Haushalten tätig. Wer die Möglichkeit ihrer Abwanderung unterstellt, rechnet praktisch den Bauern ihre Frauen, Kinder oder Eltern weg, insbesondere den nebenberuflichen Landwirten.

So besteht für den weiteren *Strukturwandel nur ein enger Spielraum*: Den Kern der bäuerlichen Bevölkerung bilden die 356 000 männlichen Vollbeschäftigten. Davon sind jedoch nur rund 110 000 Betriebsinhaber im Alter unter 45 Jahren! Somit geht die Diskussion über das Ausscheiden von Arbeitskräften und über die Notwendigkeit, für sie Arbeitsplätze im ländlichen Raum zu beschaffen, von völlig falschen Vorstellungen aus.

Vielleicht wird man bald die umgekehrte Frage stellen müssen: *Woher sollen genug Menschen kommen, um unser Land pfleglich zu bewirtschaften?*

Landwirtschaft und ländliche Räume

In den wirtschaftlich hochentwickelten Ländern sind die alten Vorstellungen von Stadt und Land völlig überholt. Die ländlichen Räume sind durch Kraftwagen und moderne Technik voll erschlossen und Lebensräume großer Teile der Bevölkerung aller Berufsgruppen geworden. Viele Menschen suchen Verbindung mit der Natur und Raum für die gesunde Entwicklung ihrer Kinder. Dabei stärkt der Besitz von Grund und Boden oder Haus auch die soziale Sicherheit der Familie und gibt ihr gute Voraussetzungen für Aktivitäten in der Freizeit, für soziale Beziehungen und die persönliche Identität in einer überschaubaren Umgebung.

Mit der Erschließung der ländlichen Räume haben sich auch

die *Wanderungsströme der Bevölkerung umgekehrt.*[13] In den Industrieländern zieht es die Menschen heute weniger in die Großstädte als in die ländlichen Gebiete. Soweit sie an städtische Arbeitsplätze gebunden sind, geht die Wanderung ins Umland. Aber auch die Wirtschaft ist heute in der Standortwahl beweglicher. So sind seit den siebziger Jahren in den europäischen Ländern starke Wanderungsbewegungen in den ländlichen Raum zu beobachten: In Italien hat die große Abwanderung aus dem Süden in den Norden des Landes aufgehört, in Großbritannien mußten die Großstädte erhebliche Bevölkerungsverluste hinnehmen, während ländliche Räume entsprechende Gewinne verzeichneten, und aus Frankreich berichtet die EG-Kommission[14] von einer »ländlichen Anziehungskraft«, die vor allem in den Süden des Landes führt.

Deutschland hat durch seine geschichtliche Entwicklung schon im Vorfeld eine stärker dezentralisierte Verteilung von Wirtschaft und Bevölkerung als seine westeuropäischen Nachbarn und dadurch günstigere Voraussetzungen für die Gestaltung gesunder Lebensverhältnisse. In der Bundesrepublik leben rund 50% der Bevölkerung im ländlichen Raum und seinen klein- und mittelstädtischen Zentren, und auch die deutschen Großstädte sind über das Land verteilte Mittelpunkte alter Kulturräume geblieben. 45% der deutschen Bevölkerung leben im eigenen Haus und Garten, auf dem Land sind es sogar bis zu 80%.

Die gegenwärtige Krise der Landwirtschaft und die *Diskussion um Beschleunigung des Strukturwandels* führten nun aber zu einer Beunruhigung der ländlichen Bevölkerung. Dazu kommen weitere Befürchtungen, wie die allgemeine Abnahme der Bevölkerung und die zunehmende Arbeitslosigkeit. So entstehen teilweise Schreckensvisionen von entleerten Dörfern und Regionen, und manche Menschen fühlen sich hilflos im Sog einer negativen Entwicklung ihrer Lebensumwelt.

Doch hier wird die *Bedeutung der Landwirtschaft für den ländlichen Raum* nicht richtig gesehen. Sie hat sich mit der erfolgten Abnahme der Betriebe und Arbeitskräfte verändert und liegt

▷ weniger im Anteil der Landwirtschaft an der *Bevölkerung und Wirtschaft* des ländlichen Raumes,

▷ als vielmehr in den *Umwelt- und Lebensbedingungen*, die von der Landwirtschaft für die ländliche Bevölkerung geschaffen werden.

Die *wirtschaftliche Leistung der Landwirtschaft wird weitgehend überschätzt.*[15] Der Anteil des Agrarsektors an der Bruttowertschöpfung liegt in der Bundesrepublik bei nur 2% und erreicht in manchen Landkreisen bis zu 5–10%, zusammen mit der Forstwirtschaft und Fischerei teilweise bis zu 15%. Unter der Annahme einer Rückführung der Agrarproduktion auf den durchschnittlichen Selbstversorgungsgrad der EG würden in den Umsätzen der deutschen Landwirtschaft Verluste um rund 8% entstehen. Das heißt, die entsprechende Verminderung der wirtschaftlichen Leistungen der Landwirtschaft würde das durchschnittliche Brutto-Inlandsprodukt der einzelnen Landkreise um 0,5–1,0% verringern.

Demgegenüber würden Marktordnungskosten erspart, die annähernd in der gleichen Größenordnung liegen, aber bisher nur zum geringsten Teil der Landwirtschaft und dem ländlichen Raum zufließen, sondern anderen Wirtschaftszweigen zugute kommen oder für Exportsubventionen vergeudet werden. Aus agrarpolitischer Sicht käme es für die *Zukunft des ländlichen Raumes* also darauf an:

▷ wie eine Verminderung der Überschüsse erreicht wird, durch Stillegung von Flächen und Betrieben und damit Bildung verödeter Gebiete oder durch andere Maßnahmen,

▷ in welchem Maße eine Umleitung der ersparten Marktordnungskosten in den ländlichen Raum erfolgen und zu einer
Erhaltung der bäuerlichen Kultur und Landschaft beitragen
kann.

Entscheidend sind also weniger die wirtschaftlichen Verluste
durch die Rückführung der Überproduktion, sondern die Maßnahmen, durch die eine entsprechende Verminderung der Produktionsmengen erreicht wird. Und davon dürften auch die *Reaktionen der Bauern und der ländlichen Bevölkerung* bestimmt
werden. Infolgedessen haben wir die notwendigen Veränderungen der Agrarpolitik nicht nur von den wirtschaftlichen Effekten
her, sondern mehr noch von den Auswirkungen der Maßnahmen
auf den Naturhaushalt, die Landschaft und damit auf die Lebensbedingungen zu betrachten, von denen die Einstellung der Menschen zu ihren Wohnstandorten im ländlichen Raum abhängt.

Einkommen und soziale Lage

Seit über 100 Jahren spielt der Bauernverband mit großer Vir-
tuosität das Klagelied von der Not der Landwirtschaft in immer
neuen Variationen. Wenn alle düsteren Bilder stets der Wirklichkeit entsprochen hätten, gäbe es in Deutschland schon lange
keine Landwirtschaft mehr.

Das Ergebnis der Klagepolitik ist eine allgemeine Orientie-
rungskrise. Gewiß hat jeder Beruf seine Schattenseiten, jeder
seine Vorzüge. In anderen Wirtschaftszweigen ist man bemüht,
Positives herauszustellen, ein günstiges *Image für den Beruf* zu
schaffen, um unter den Besten der jungen Generation Nach-
wuchs zu gewinnen. In der Landwirtschaft geschieht das Gegenteil. Die Jugend ist hier von Kind an einer negativen Beeinflus-

sung ausgesetzt, sie kann weder die eigene wirtschaftliche Situation im Vergleich mit der anderer Berufsgruppen richtig bewerten, noch den Beruf von seinen wesentlichen Aufgaben her erfassen. Von einer geschickt gesteuerten Verbandspresse wird hier eine Atmosphäre wachsender Unzufriedenheit unter den Bauern geschaffen.

Die gesteigerten Klagen dienen zur Begründung wirtschaftlicher Forderungen. Da aber die geforderten Maßnahmen den wirklich bedürftigen Bauern am wenigsten zufließen, führen sie zu wachsender Resignation. Wenn nicht bald eine Umorientierung gelingt, in der praktischen Politik wie in der Stimmungsbildung, wird die Führungsgruppe in kurzer Zeit mit wenigen großen und wohlhabenden Landwirten, aber ohne nennenswerte politische Gefolgschaft dastehen. So darf der Bauernverband dankbar sein, wenn wir versuchen, ein *realistisches Bild von der Lage der Landwirtschaft* und ihren Zukunftsmöglichkeiten zu geben.

Mit der Verabschiedung des Deutschen Landwirtschaftsgesetzes von 1955 hoffte man, den alten Streit um die Einkommenslage der Landwirtschaft durch eine objektive Berichterstattung zu beenden. Das ist leider nicht ganz gelungen.

Die jährlichen Agrarberichte der Bundesregierung enthalten zwar hervorragendes Material über 8000 bis 9000 repräsentativ ausgewählte Testbetriebe. Doch die vielfältigen Ergebnisse sind allenfalls noch für Fachspezialisten durchschaubar, und die *Einkommensvergleiche haben sich weit von der sozialen Wirklichkeit entfernt*. Gewiß ist die Aufgabe nicht leicht, die Einkommen und die soziale Lage von Selbständigen mit den Löhnen von Arbeitnehmern zu vergleichen, von zwei Gruppen mit ganz unterschiedlichen Lebensverhältnissen. Während die Löhne der Arbeitnehmer in eindeutigen Geldwerten vorliegen, sind für die

Vergleichswerte aus der Landwirtschaft zahlreiche, durchaus umstrittene, Kalkulationen erforderlich. Die schwachen Punkte der Einkommensrechnungen sind häufig diskutiert worden.[16]

Eine *Hauptursache der falschen Schlußfolgerungen sind die Bruttovergleiche*. Für den gewerblichen Vergleichslohn werden sogar die Arbeitgeberanteile hinzugerechnet. Von dem ausgewiesenen Gesamtwert erhält der Arbeitnehmer bei einer vierköpfigen Familie nach Abzug von Steuern und Sozialabgaben derzeitig nur rund 62%. In der Landwirtschaft ist die Netto-Quote jedoch weit höher.

Nach dem Agrarbericht 1990 ergibt sich für die Gesamtdurchschnitte im Wirtschaftsjahr 1988/89 im Nettovergleich folgendes Bild:

Gewerblicher Vergleichslohn Brutto . . . . 39 272 DM
Gewerblicher Vergleichslohn Netto . . . . 24 319 DM

Landwirtschaft:
Gewinn je Familien-Arbeitskraft . . . . 32 286 DM
Verfügbares Einkommen, Betriebsleiterehepaar . . 41 040 DM

Die Durchschnittsvergleiche lassen erkennen, daß im *Einkommen der Landwirtschaft kein grundsätzlicher Rückstand* besteht. Eine Ursache dafür ist ihre Bevorzugung bei den Steuern und Sozialabgaben. Sie wird aus dem Einkommensvergleich von Vollerwerbslandwirten mit Nebenerwerbslandwirten aus der Übersicht 37 des Agrarberichtes 1990 erkennbar (S. 89).

Die *Einkommensvorteile der Vollerwerbslandwirte* werden aus dem Vergleich deutlich: Die Bauern im Nebenberuf haben aus zwei Berufen ein um rund 7000 DM höheres Bruttoeinkommen, sie müssen aber von ihrem außerlandwirtschaftlichen Einkom-

	Vollerwerbsbetriebe				Neben-erwerbs-betriebe
	kleine	mittlere	größere	zusammen	betriebe
Gesamteinkommen					
DM je Familie	37810	54817	77906	51962	58545
Steuern	758	1315	6031	2235	8095
Sozialbeiträge	5369	6284	7344	6084	9027
Versicherungen	2059	2830	3494	2603	1767
Gesamtabzüge	8186	10429	16869	10922	18889
verfügbares Einkommen	29623	44388	61038	41040	39657

men weit mehr Steuern und Sozialabgaben bezahlen und bleiben dann im verfügbaren Einkommen noch um mehr als 1000 DM hinter den Vollerwerbslandwirten zurück. Diesen sind leider ihre großen Vergünstigungen zu wenig bewußt.

Für eine Beurteilung der *langfristigen Einkommensentwicklung* stehen seit dem ersten Agrarbericht von 1956 für die Landwirtschaft nur die Betriebseinkommen in unveränderter Definition zur Verfügung. Auf S. 90 oben zeigt die Entwicklung gegenüber den gewerblichen Vergleichslöhnen in 34 Jahren eine insgesamt nahezu parallele Einkommensentwicklung (Dreijahresdurchschnitte).

Die Landwirtschaft hat in ihren Einkommen von einem zunächst etwas niedrigeren Ausgangsniveau in kurzer Zeit aufgeholt. In den sechziger Jahren und bis zur Mitte der siebziger Jahre stiegen die *landwirtschaftlichen Einkommen stärker als die gewerblichen Vergleichslöhne.* Das war für die deutsche Landwirtschaft die Zeit eines großen wirtschaftlichen Aufschwunges, der steigenden Produktivität bei wachsenden Absatzmärkten. Die Klagelie-

Jahre	Betriebseinkommen je Voll-AK		Gewerbl. Vergleichslohn	
	DM	1954–57 = 100	DM	1954–57 = 100
1954–57	3268	100	3830	100
1965–68	9781	299	10250	268
1970–73	16078	492	16483	430
1975–78	25499	780	25052	654
1985–88	31600	967	37178	971
1988/99	38420	1176	39272	1025

der des Bauernverbandes hielten aber auch damals unvermindert an und veranlaßten die Politiker zu einer Wachstumspolitik bei Preisen und Fördermaßnahmen, die in den Teufelskreis zunehmender Überschüsse führte. Bei übervollen Märkten war ein Preisdruck und eine entsprechende Verlangsamung der Einkommensentwicklung seit dem Ende der siebziger Jahre die Folge. So lagen die jährlichen *Wachstumsraten* nach den Agrarberichten von 1955 bis 1989 bei:

	1955–75	1975–88
Landwirtschl. Betriebseinkommen	10,8%	2,4%
Gewerbliche Vergleichslöhne	9,7%	4,3%

Wenn, alles in allem, ein grundsätzlicher Einkommensrückstand der Landwirtschaft rechnerisch nicht nachweisbar ist, sind für die Beurteilung der *sozialen Lage der Bauern*, deren Angleichung das deutsche Landwirtschaftsgesetz fordert, weitere Überlegungen wichtig. Da ist zunächst das Leben im eigenen Haus und Garten, das aber nicht einmal beim Einkommensvergleich mitbewertet wird, obwohl der gewerbliche Vergleichslöhner wesentliche Teile seines Nettolohnes allein für Miete zahlen muß. Auch die Ausstattung der landwirtschaftlichen Haushalte mit Gebrauchsgegenständen zeigt nach den Einkommens- und Verbrauchsstichproben des Statistischen Bundesamtes allgemein überdurchschnittliche Anteile, ob für PKW, Telefon, Kühlschränke oder Nähmaschinen, und sogar doppelt so hohe Anteile bei Wäschetrocknern und Geschirrspülmaschinen. Auch hier also nur Anzeichen für einen mindestens gleichwertigen Lebensstandard der Bauern.

Zu alledem müssen hier auch die *Besonderheiten des bäuerlichen Berufes* gesehen werden. Die Eigenverantwortung und Selbständigkeit in der Gestaltung des Betriebes und der täglichen Arbeit sowie im Umgang mit Lebewesen und Naturkräften geben dem Beruf seine Eigenheiten. Der gewerbliche Arbeitnehmer hat zwischen Arbeitsplatz und Dreizimmerwohnung schmalere Lebensgrundlagen. Für den Bauern kommt die soziale Sicherheit hinzu, die sein Eigentum selbst dann noch gewährt, wenn er die Bewirtschaftung aufgibt. Wie weit diese Besonderheiten als Vorzüge des bäuerlichen Berufes gelten können, ist gewiß auch von der persönlichen Bewertung abhängig. Leider erkennt mancher den Wert seines Hofes erst dann richtig, wenn er sich davon getrennt hat. Für viele ist es dann zu spät.

Große Einkommensunterschiede innerhalb der Landwirtschaft

Hier liegen die wirklichen Einkommensunterschiede, in der Bundesrepublik und noch mehr im europäischen Bereich. Allgemein wird viel zu sehr von *der* Landwirtschaft gesprochen. Das mag für den Agrarsektor als Teil der Gesamtwirtschaft gelten, aber es gilt weder für die Betriebs- noch für die Sozialstruktur. Sie setzt sich aus völlig verschiedenen sozialen Schichten zusammen, von reichen Grundbesitzern und Eigentümern großer Waldungen über wohlhabende Großbauern bis zu armen Kleinbauern in ungünstigen Gebirgslagen oder den Arbeitern und Angestellten, die kleine Landflächen im Nebenberuf bewirtschaften.

Eine *Konzentration größerer Betriebe an bevorzugten Standorten* ist durch die unterschiedlichen Agrarverfassungen historisch begründet: Großbauerngebiete mit geschlossener Vererbung herrschen im Norden vor, dagegen alte Dorfverfassungen mit Realteilung in Mittel- und Süddeutschland, in Gebieten mit hohen Anteilen an Mittelgebirgen. Die noch heute großen Unterschiede in der Agrarstruktur der norddeutschen und süddeutschen Bundesländer gehen darauf zurück und erklären auch die verschiedenen agrarpolitischen Interessen zwischen Nord und Süd.

Die Folgen historischer Entwicklungen in der Betriebsgrößenstruktur sind auch in *Westeuropa* überall erkennbar: Größere Betriebe überwiegen auf den besseren Böden, während Gebiete mit ungünstigen Ertragsbedingungen weitgehend von Kleinbauern in Kultur gehalten werden. Diese Übereinstimmung der Betriebsgrößenverteilung mit den natürlichen Standortbedingungen führt zur Verschärfung der Einkommensdisparitäten innerhalb der Landwirtschaft. Im größeren Bereich der EG kommen die Unterschiede im gesamtwirtschaftlichen Entwicklungsstand der Länder hinzu, so daß *große Einkommensunterschiede zwischen ganzen Regionen* bestehen.

Nach dem Bericht der EG-Kommission über die Lage der Landwirtschaft von 1987 zeigte die Bruttowertschöpfung je landwirtschaftliche Arbeitskraft für 1982 folgende Abweichungen vom Durchschnitt (EG-10 = 100):

West-Nederland	231	Ile de France	222
Niedersachsen	182	Limousin-Frankreich	63
Molise-Italien	47	Ireland-West	59

Auch innerhalb eines Landes wie der Bundesrepublik sind große *Einkommensunterschiede für ganze Regionen* zu erkennen. So weist der Agrarbericht 1989 für die Vollerwerbsbetriebe mit Marktfruchtanbau bestimmter Wirtschaftsgebiete extreme Abweichungen in den Durchschnittsgewinnen auf:

Hildesheim – Braunschweiger Lößbörde . . . . . . 69 118 DM
Köln – Aachener Bucht . . . . 50 530 DM
Westerwald – Eifel – Hunsrück . . . . 19 682 DM
Nord- und Osthessen . . . . 15 481 DM

Für die Darstellung der Einkommensunterschiede innerhalb der Landwirtschaft kommt es darauf an, *wie hoch agregiert wird*, das heißt, ob man die Betriebe in größeren Durchschnitten zusammenfaßt oder weiter untergliedert. Durchweg weisen die Agrarberichte die Einkommensstreuungen nach Einkommensvierteln aus und beziehen die Abstände vom untersten zum obersten Viertel auf den Gesamtdurchschnitt der Betriebe. Dadurch erscheinen die Abstände mit 1,2 bis 1,5 minimal und sind praktisch nichtssagend. Anders sieht es für die Abstände der größeren Betriebe im obersten Einkommensviertel gegenüber den kleineren Betrieben im untersten Viertel aus. Danach erreicht die *beste Gruppe ein 12,5fach höheres Einkommen* als die Gruppe mit dem geringsten Einkommensdurchschnitt (Gewinn je Unternehmen in den Vollerwerbsbetrieben nach Agrarbericht 1990):

Unterstes Viertel der kleinen Betriebe . . . .   8 420 DM
Oberstes Viertel der größeren Betriebe . . . . . . 105 657 DM

Für die großen Einkommensunterschiede sind gewiß viele objektive und subjektive Faktoren maßgebend. Aus ihrer Kenntnis heraus müßte die entscheidende Frage lauten: *Wie reagiert die Agrarpolitik auf diese großen Einkommensunterschiede?* Der Bauernverband bemüht sich seit eh und je, sie abzuleugnen und für geringer zu erklären als in anderen Wirtschaftsbereichen. Das ist die große Lebenslüge der Agrarpolitik. Sie wird gerade nicht an der Bedürftigkeit der Betriebe orientiert, sondern auf raffinierte Weise werden den größeren, wohlhabenderen Betrieben auch noch die meisten Subventionen zugeschoben. Aus dem Bayerischen Agrarbericht 1988 (S. 57) sind dafür einige Hinweise zu entnehmen:

Betriebsgröße in ha LF	10–25	25–50	50–100
Gewinn je Betrieb	29 820	41 757	60 400
davon »Einkommensstützung«	7 553	13 530	22 292
»Einkommensstützung« in % d. Gewinne	25,3	32,4	36,9

So wird dafür gesorgt, daß die Einkommensunterschiede eher vergrößert werden und man mit der Existenzgefährdung der kleineren Bauern weiter Politik machen kann. Und dabei ist seit hundert Jahren die Getreidepreispolitik das Kernstück der Agrarpolitik. Preiserhöhungen und Absatzgarantien werden als einheitliche Mittel für alle Landwirte verteidigt. Aber bei ungleichen, natürlichen und strukturellen Ausgangsbedingungen kann Gleichheit in den Maßnahmen immer nur zur Vergrößerung der Ungleichheiten führen.

So werden bisher in der Agrarpolitik *keine ausreichenden Konsequenzen* aus der Abhängigkeit von den unterschiedlichen regionalen und natürlichen Produktionsbedingungen gezogen. Außer den dadurch bestehenden wirtschaftlichen Nachteilen vieler Be-

94

triebe gewinnen nun auch die ökologischen Probleme zunehmende Bedeutung. *Wie können die Einkommen der Betriebe mit
umweltverträglicher Wirtschaftsweise gesichert werden?* – Das ist
die wichtigste Zukunftsfrage.

Wege zu einer neuen Agrarkultur

Am Wendepunkt der Entwicklung

In der Industrialisierungsperiode des 19. Jahrhunderts konnte die Landwirtschaft zunächst mit biologischen Mitteln durch größere Vielfalt in der Bodennutzung und Tierhaltung die natürliche Produktivität erheblich steigern und eine wachsende Bevölkerung ernähren.

Doch mit der schnell zunehmenden Nachfrage wuchs die Sorge, daß die Agrarproduktion auf Grund ihrer naturgegebenen Grenzen mit dem wachsenden Bedarf nicht Schritt halten könne. Pessimistische Prognosen traten in den Vordergrund, wie sie in der Verelendungstheorie von Malthus ihren Höhepunkt fanden.

Andererseits weckte der Fortschrittsglaube des 19. Jahrhunderts die Hoffnung auf Beherrschung der Natur und Befreiung der Menschheit von den traditionellen Mängeln durch industrielle Techniken, wie sie in der Vorstellung von Karl Marx von einem Leben ohne Mängel im Sozialismus gipfelte, zu dem eine »neue, höhere Synthese von Agrikultur und Industrie« beitragen sollte.

Die *Industrialisierung der Landwirtschaft* erfolgte dann im 20. Jahrhundert auf zwei verschiedenen Entwicklungslinien:

▷ In der *Sowjetunion* wurde eine gewaltsame Großindustrialisierung bei völliger Abkehr von der naturgemäßen Wirtschaftsweise und gewachsenen Agrarstruktur durchgeführt.

Ihre Mißerfolge sind nun in gespenstischen Umweltschäden und trotz Einsatzes großer volkswirtschaftlicher Mittel in zunehmenden Versorgungsmängeln offenbar geworden.

▷ In den *westlichen Industrieländern* sind die neuen agrartechnischen Mittel nach dem Zweiten Weltkrieg schrittweise verbreitet worden. Sie haben auf der Basis der gewachsenen Agrarstruktur zur reichhaltigen Versorgung der Bevölkerung geführt. Mehr und mehr werden aber auch hier doppelte Mißerfolge erkennbar: eine Vergeudung volkswirtschaftlicher Ressourcen durch Überschüsse und zunehmende Umweltschäden durch die Intensivierung der Produktion. Die Umweltschäden durch die moderne Agrartechnik sind zwar hier noch weniger auffällig, aber um so nachhaltiger und mit der Zerstörung des großen Erbes der naturgemäßen bäuerlichen Bodenkultur und Landschaft verbunden.

Auf beiden Seiten sind die *Grenzen der Entwicklung erreicht*:

▷ Die *Sowjetunion* muß alle Kräfte auf die Sicherung der Ernährung richten. Sie hat dafür zwar einen großen Bodenreichtum, aber in 60 Jahren gewaltsamer Industrialisierung der Landwirtschaft ist die Fruchtbarkeit und Ertragsfähigkeit der Böden eher verschlechtert worden; zudem fehlen auch die Menschen mit Erfahrungen in naturgemäßen Wirtschaftsmethoden.

▷ In *Westeuropa* leben noch zahlreiche Bauern mit ausreichenden Erfahrungen und dem Bewußtsein für die natürlichen Zusammenhänge. Aber die Agrarpolitik hat sie aufgegeben und fördert die Abkehr von der Wirtschaftsweise in organischen Verbundsystemen. Die Auflösung der bäuerlichen Struktur geschieht zwar hier mit etwas vornehmeren Mitteln, doch längerfristig mit dem gleichen Ergebnis der Zerstörung unserer natürlichen Lebensgrundlagen. Da in Westeuropa aber noch keine Versorgungsmängel zu befürchten sind, ist die Gefahr um so größer, daß die Agrar- und Umweltpolitik erst dann reagiert, wenn uns spektakuläre Schäden aufschrecken. Die Frage ist, ob und wie wir eine rechtzeitige Umkehr erreichen können.

Umkehr darf hier nicht als Rückkehr zu Produktionsmethoden und Lebensverhältnissen von vorgestern mißverstanden werden. Umkehr heißt Konzentration auf die immer gültigen Gesetze der Natur, auf der Stufe der heutigen Lebensverhältnisse und technischen Möglichkeiten.

In diesem Sinne geht es nicht um eine technische Rückentwicklung, sondern eine technische Umorientierung. Aufgabe ist nicht die Beherrschung der Natur durch die Technik, sondern die *Anpassung der Technik an die Gesetze der Natur.*

Kernproblem Naturverbindung

In Deutschland gingen die ersten Maßnahmen zum Schutz der Landwirtschaft im 19. Jahrhundert von dem staatspolitischen Ziel der Ernährungssicherung aus. Mit den Begründungen verbanden sich gesellschaftspolitische Vorstellungen von der Bedeutung einer breiten Landbevölkerung. In der Verwandlung aller Lebensverhältnisse, die mit der Industrialisierung begann, erschien die ländliche Welt noch als ein Bereich besonderer Beständigkeit und wurde als die gesunde soziale Ordnung idealisiert. Viele Menschen sahen in den einzigartigen Dörfern und Landschaften ihre kulturellen Wurzeln, ihre persönliche Identität. In diesem Sinne fand auch bei sonst unterschiedlichen politischen und geistigen Positionen das Ziel Existenzsicherung der Landbevölkerung allseitige Übereinstimmung.

Doch mit der seit dem 19. Jahrhundert fortschreitenden Entwicklung von Technik und Wirtschaft schien es verständlich, daß mit der Beständigkeit der ländlichen Welt zugleich eine *wirtschaftliche Schwäche der Landwirtschaft* verbunden war, deren Ursachen in ihren Produktionsbedingungen lagen. So glaubte man, zu ihrer Erhaltung ein besonderes Schutzsystem entwickeln zu müssen. Sein Ausbau innerhalb der sonst marktwirtschaftlichen Ordnung wurde noch im Deutschen Landwirtschaftsgesetz von 1955 mit dem Ziel begründet, die für die Landwirtschaft bestehenden »naturbedingten und wirtschaftlichen Nachteile gegenüber anderen Wirtschaftsbereichen auszugleichen.«

Während der letzten Jahrzehnte haben sich die Verhältnisse jedoch mit dem Übergang auf neue Agrartechniken, der daraus folgenden Steigerung der Produktivität und Abnahme der bäuerlichen Betriebe grundlegend verändert. Und noch immer wird zu wenig erkannt, daß sich damit die *Problemstellungen der Agrarpolitik umgekehrt* haben:

▷ Die hochentwickelten Länder verfügen über die wirtschaftlichen und technischen Mittel zur reichlichen Versorgung mit Nahrungsmitteln.

▷ Die neuen Agrartechniken verursachen im Zusammenhang mit der Spezialisierung der Betriebe und intensiverem Einsatz industrieller Produktionsmittel zunehmende Umweltbelastungen.

Damit besteht die frühere *Übereinstimmung wirtschaftlicher und gesellschaftspolitischer Aufgaben nicht mehr.* In der Agrarpolitik werden daraus aber noch nicht die erforderlichen Konsequenzen gezogen. Die Agrarpolitik ist einseitig ökonomisch ausgerichtet und wirkt mit der Vergrößerung, Spezialisierung und Intensivierung der Betriebe den gesellschaftspolitischen Aufgaben der Landwirtschaft geradezu entgegen.

Angesichts der eklatanten Fehlentwicklungen ist die *agrarpolitische Diskussion in zunehmende Widersprüche* geraten. Einerseits werden zum Schutz der Umwelt und Erhaltung der Bauern abenteuerliche Subventionen gefordert, andererseits wird im Zusammenhang mit dem Strukturwandel in einer stärkeren Industrialisierung der Produktionsmethoden die Lösung gesehen. Dabei fordern Volkswirte und Agrarökonomen den Abbau des Schutzsystems und die Eingliederung der Landwirtschaft in die Marktwirtschaft, um der dramatischen Vergeudung volkswirtschaftlicher Mittel zu begegnen.

Die *Marktwirtschaft* ist zwar unbestritten das beste Erfolgssystem, und die freie Preisbildung würde zweifellos auch im Agrarsektor bald zu einem Marktgleichgewicht führen. Doch der marktwirtschaftliche Wettbewerb und Ausleseprozeß kann nur nach rein wirtschaftlichen Kriterien erfolgen und nicht zur Herausbildung von Betriebs- und Produktionsformen führen, die unseren ökologischen und gesellschaftspolitischen Erfordernissen entsprechen. Das Ergebnis wäre nur eine Verlagerung volkswirtschaftlicher Kosten auf »soziale Kosten«, eine Verstärkung negativer »externer Effekte« der Agrarproduktion auf Natur und Umwelt.

In dieser Übergangssituation muß für die Gestaltung der zukünftigen Agrarpolitik die alte *Grundvorstellung von den naturbedingten Besonderheiten der Landwirtschaft neu geprüft* werden. Dabei zeigt sich, daß wesentliche Merkmale für besondere Produktionsbedingungen der Landwirtschaft unverändert gelten, daß sich aber bei der heutigen Agrartechnik daraus andere Schlußfolgerungen für die Agrarpolitik ergeben:

1. Die grundlegenden *Unterschiede zwischen Landwirtschaft und Industrie* sind unaufhebbar. Die Diskussion um eine Industrialisierung der Landwirtschaft zeigt dafür wenig Ver-

ständnis und kann nur in die Irre führen: Die industrielle Produktion geht von der Umwandlung von Rohstoffen aus und wirkt von einem festen Standort aus auf Umwelt, Luft und Wasser, so daß ihre Auswirkungen übersehbar, meßbar und mit technischen Mitteln einzugrenzen oder zu verhindern sind. Dagegen beruht die landwirtschaftliche Produktion auf biologischen Vorgängen im pflanzlichen und tierischen Organismus, auch der Boden hat seinen Wert nur als belebtes Ökosystem. Jede landwirtschaftliche Arbeit greift unmittelbar in Lebensvorgänge ein.

2. Angesichts der allgemeinen Umweltgefährdungen hat die *Verantwortung der Landwirtschaft für die Funktion und Gestaltung größter Teile unseres Lebensraumes* erheblich zugenommen.[17] Großstädte und Ballungsräume sind für sich allein biologisch nicht existenzfähig. Sie bedürfen der Einbettung in eine größere, naturbetonte Umwelt, in ökologische Ausgleichsräume. Die Art der Bewirtschaftung des Landes hat daher entscheidenden Einfluß auf die Lebensbedingungen der gesamten Bevölkerung, auf ihre Grundbedürfnisse Luft, Wasser und gesunde Nahrungsmittel.

3. Auch der moderne Landwirt bleibt beim Einsatz aller technischen Möglichkeiten an die *natürlichen Bedingungen des Standortes* gebunden, an den Raum mit seinen klimatischen und geologischen Gegebenheiten. Sie bilden bestimmende Faktoren für die Wirtschaftsweise und geben dem Landwirt Chancen für die Entwicklung von Produktion und Einkommen, setzen ihm dafür zugleich aber auch Grenzen. Die große Vielfalt der Betriebsformen in Westeuropa ist das Ergebnis einer konsequenten Anpassung an die unterschiedlichen Standortbedingungen. Die heutige Diskussion um Vereinheitlichung der Strukturen ist völlig lebensfremd. Die natürli-

che Vielfalt wird auch die zukünftige Agrarpolitik vor sehr differenzierte Aufgaben stellen.

4. Auf Grund der Bindungen an Boden, Witterung und biologische Rhythmen bleibt die Landwirtschaft im Vergleich zur Industrie ein *typischer Bereich selbständiger Kleinunternehmungen*. Die Arbeitsvorgänge in der Natur bleiben immer saisonal gebunden, jede Arbeit muß praktisch im Wechselspiel von Witterung und Wachstum unter jeweils einmaligen Bedingungen improvisiert werden, so daß die Möglichkeit fortlaufender, hochrationalisierter Produktionsvorgänge wie im Industriebetrieb nicht besteht. Der Erfolg des landwirtschaftlichen Betriebes hängt davon ab, daß jeder einzelne zu jeder Zeit mit Umsicht, Geschick und Eigenverantwortung selbständige Entscheidungen über die Durchführung der Arbeiten und den Einsatz von Maschinen treffen kann. In der Verkennung dieser Voraussetzungen liegen die Ursachen der Mißerfolge in der zentral gelenkten, großindustrialisierten Landwirtschaft im Osten, während die selbständigen Bauern in Westeuropa auch ihre wirtschaftlichen Leistungen ihrer Kreativität und dem besseren Verständnis für die naturgegebenen Arbeits- und Produktionsbedingungen verdanken.

5. Aus der Vielzahl der landwirtschaftlichen Betriebe, ihren räumlichen Bindungen und der Unwägbarkeit der biologischen Produktionsprozesse ergibt sich auch eine *schwache Marktstellung* der Landwirtschaft. Da täglich gegessen, aber nur einmal im Jahr geerntet wird, müssen saisonale und nicht immer gleiche Erntemengen in einen laufenden Verbrauch umgewandelt werden. Der Landwirt kann dabei seine Produktion nicht kurzfristig der Marktlage anpassen, für die Bevölkerung ist die Ernährung das wichtigste Grundbedürfnis. Beide, Erzeuger und Verbraucher, stehen ihren größeren

Handelspartnern im Gefühl einer gewissen Marktohnmacht gegenüber und in der Erwartung, daß der Staat ihre vitalen Interessen sichert. So ist aus verschiedenen Gründen kaum umstritten, ob Vorkehrungen für Notfälle und Agrarmarktordnungen erforderlich sind. Die Probleme ergeben sich nur aus Art und Ausmaß der staatlichen Eingriffe. Diese gehen heute zweifellos über ein sinnvolles Maß hinaus.

Alles in allem gelten die Naturgesetze und naturbedingten Besonderheiten der Agrarproduktion auch für die Zukunft. Doch geht es dabei *weniger um wirtschaftliche Nachteile, sondern um gesellschaftspolitische Verpflichtungen der Landwirtschaft.* Für ihre zukünftige Gestaltung ergeben sich aus den Bindungen an die Natur folgende Forderungen:

▷ In der Bodenbewirtschaftung müssen *wirtschaftliche, ökologische und soziale Leistungen örtlich integriert* erbracht werden.

▷ In der Anpassung der Bewirtschaftungsformen an die unterschiedlichen regionalen Bedingungen von Boden und Klima muß eine *optimale Kombination der wirtschaftlichen Leistungen mit den Naturschutzaufgaben* angestrebt werden.

Ein agrarkultureller Ordnungsrahmen

Der Übergang von dem einseitig produktionsorientierten Denken auf breitere Ziele einer in sich geschlossenen Agrar- und Naturschutzpolitik ist noch nicht gelungen. Aber eine lebhafte Diskussion darüber ist im Gange; sie wird besonders von naturwissenschaftlicher Seite aus geführt, während die Landwirte und ihre Berufsvertretungen noch zu stark in Abwehrstellung stehen, ohne ihre zukünftigen Aufgaben und Chancen zu erkennen.

Die Definition eines *Ordnungsrahmens für die Wirtschaftsweise der Landwirtschaft* ist eine vordringliche Aufgabe. Die Formulierungen im Naturschutzgesetz von 1976 sind überholt und nichtssagend. Ein Vorschlag für »Grundsätze einer ordnungsgemäßen Landbewirtschaftung« wurde 1987 von der Konferenz der Agrarminister der deutschen Bundesländer vorgelegt. Er enthält aber mehr allgemeine Grundsätze als konkrete Forderungen und läßt die Grenzen nicht klar erkennen, von denen an die Wirtschaftsweise nicht mehr als ordnungsgemäß gelten kann. So dürfte über die dringend gebotene Begrenzung der Düngung zur »Sicherung des Nährstoffbedarfes« und einen Pflanzenschutz nach »guter fachlicher Praxis« viel zu streiten sein, wenn die Belastungsgrenzen im Grundwasser überschritten und die Verursacher gesucht werden.

Hier besteht immer noch die merkwürdige Vorstellung, daß die Landwirte über die Konzentration großer Tierbestände und die Anwendung von Düngemitteln und Pestiziden nach ihren Interessen an maximalen Gewinnen frei entscheiden und sogar Ansprüche auf Entschädigung geltend machen dürfen, wenn sie ihre Wirtschaftsweise ändern müssen, um Umwelt und Grundwasser nicht zu belasten. So wird von leitenden Agrarpolitikern[18] vor Auflagen gewarnt, die »ein Stück kalter Enteignung« bedeuten, wenn sie zur Senkung des Ertragswertes führen. Äußerungen dieser Art vergrößern die Unsicherheit unter den Landwirten, solange keine verbindlichen Regeln für eine »ordnungsgemäße« Landbewirtschaftung bestehen, die erkennen lassen, welche Maßnahmen und Stoffeinträge zu unzulässigen Belastungen von Umwelt und Grundwasser führen können.

Die entsprechenden *Rahmenbedingungen* müssen jedem Landwirt nach zwei Seiten hin Klarheit geben:

▷ einerseits, wann er als *Verursacher* von Schäden haften muß,
▷ andererseits, bei welchen Auflagen er *Ansprüche* auf Entschädigung für Minderung seines Einkommens geltend machen kann.

Infolge der unterschiedlichen Naturbedingungen sind die Auswirkungen vieler Bearbeitungs- und Düngungsmaßnahmen örtlich sehr verschieden, so daß nur allgemeine Rahmenbedingungen für die zulässige Art der Wirtschaftsweise formuliert werden können. Entscheidend ist hier jedoch die Integration von Bodennutzung und Tierhaltung innerhalb der Betriebe.

Die bisherige Diskussion läßt befürchten, daß es bei der Neuformulierung für das Naturschutzgesetz bei weitgehend unverbindlichen Formulierungen bleibt. Von der Verbotsseite her sind ohnehin nur grobe Verstöße zu verhindern. Weitere Schritte zur Verbreitung umweltgerechter Wirtschaftsformen wären aber *in Verbindung mit einer kombinierten Einkommenspolitik* möglich. Produktionsneutrale Einkommensbeiträge können an bestimmte Bedingungen gebunden werden, sie sind als positive Anreize wirkungsvoller und überlassen den Bauern die freie Entscheidung.

Eine Einkommenspolitik aus der Kombination marktgerechter Preise und produktionsneutraler Einkommenszulagen ist ohnehin die zentrale Aufgabe, sowohl für die Erhaltung der bäuerlichen Landwirtschaft als auch für Pflege und Schutz der Umwelt. *Einkommensbeiträge für ökologische Leistungen* könnten der gesamten Strukturentwicklung eine neue Ausrichtung geben. Kriterien dafür müssen bei der Wirtschaftsweise des Einzelbetriebes ansetzen. Dafür gilt es, die üblichen betriebswirtschaftlichen und sozialökonomischen Gliederungsmerkmale durch umweltpolitische Kriterien zu ergänzen.

Über *extreme Formen der Wirtschaftsweise* ist aus ökologischer Sicht leicht Übereinstimmung zu finden:

▷ *Negativ:* Spezialisierte Wirtschaftsformen mit den Extremen Massentierhaltung oder spezialisierter, viehloser Marktfruchtanbau.

▷ *Positiv:* Organische Betriebskreisläufe mit bodengebundener Tierhaltung, das heißt Ernährung überwiegend aus eigenen Futterflächen, verbunden mit vielseitigen Fruchtfolgen.

Die Probleme liegen aber bei den vielfältigen Übergangsformen und Kombinationsmöglichkeiten. Dabei ist auch zu betonen, daß ökologisch erwünschte Betriebsformen grundsätzlich weder an die Betriebsgröße noch an die soziale Existenz im landwirtschaftlichen Voll- oder Teilerwerb gebunden sind. Entscheidend ist die *Verbundwirtschaft*, die Integration der wirtschaftlichen und ökologischen Leistungen in der Wirtschaftsweise.

In diesem Sinne könnte für *Leistungsentgelte zur Existenzsicherung ökologisch optimaler Betriebe* an folgende Rahmenbedingungen gedacht werden:

▷ Tierhaltung von 1 bis 2 Großvieheinheiten je Hektar LF, das heißt praktisch Integration von Bodennutzung und Tierhaltung. Dafür ist auch ein Mindestbestand an Tieren erforderlich.

▷ Vielfältige Fruchtfolgen mit maximal 60% Getreide und 10% Mais an der LF.

▷ Pflanzenschutz, Konzentration auf biologische und anbautechnische Methoden bei weitestmöglicher Einschränkung chemisch-synthetischer Mittel und Verzicht auf Halmverkürzer.

▷ Stickstoffeinsatz von maximal 120 kg je Hektar LF unter Einbeziehung organischer Substanzen.

Denkbar wäre auch, eine weitere Stufe einer extensiven, ökologischen Wirtschaftsweise mit höheren Einkommensbeiträgen zu schaffen, bei Höchstbeständen von 1 bis 1,5 Großvieheinheiten je Hektar und minimalem Futterzukauf sowie anderen, möglicherweise regional differenzierten Kriterien. Die heute durchschnittlichen Viehbestände liegen in Vollerwerbsbetrieben der deutschen Agrarberichte bei durchschnittlich 1,8 Großvieheinheiten je Hektar LF. Die Masse der Betriebe würde also noch keine unzulänglichen Beschränkungen erfahren.

Bisher bestehen Einkommenshilfen in Verbindung mit Programmen verschiedener Zielrichtungen. Doch für einen allgemeinen Einstieg in eine kombinierte Einkommenspolitik fehlt nach wie vor das Verständnis. Im Hinblick auf ihre existentielle Bedeutung für die bäuerliche Landwirtschaft folgt eine grundsätzliche Betrachtung des Für und Wider einer kombinierten Einkommenspolitik.

Die Schlüsselfrage: Kombinierte Einkommenspolitik

Alle Überlegungen gehen davon aus, daß die gesamte Agrarpolitik auf die zwei Hauptaufgaben der Landwirtschaft ausgerichtet werden muß:

▷ die *wirtschaftliche* Produktion gesunder Nahrungsmittel und Rohstoffe,
▷ die Sicherstellung *gesellschaftspolitischer* Aufgaben in der Pflege von Umwelt und Landschaft und Erhaltung einer ländlichen Kultur.

Die *Hauptfragen* sind, welche Produktionsformen beiden Zielen unter den verschiedenen örtlichen Bedingungen entsprechen und mit welchen agrarpolitischen Maßnahmen diese Produktionsformen gesichert oder entwickelt werden können.

Die bisherigen *Erfahrungen* zeigen, daß es bei der heutigen Agrartechnik nicht möglich ist, Betriebe mit umweltgerechten Produktionsformen über die Erzeugerpreise und andere produktionsmengenorientierte Maßnahmen abzusichern. Diese fördern gerade nicht diejenigen Bauern, die wir zur Pflege der Umwelt und der Erhaltung unserer natürlichen Lebensgrundlagen dringend brauchen.

Andererseits besteht eine deutliche Bereitschaft der Bevölkerung, eine umweltgerechte Landwirtschaft zu erhalten. Die Mittel dafür sind vorhanden: Die gesamten Aufwendungen für die deutsche Landwirtschaft haben ein jährliches Volumen von rund 25 Mrd. DM erreicht und liegen damit weit über den Gesamteinkommen aller deutschen Landwirte. Das ist einerseits ein Zeichen für die dramatischen Fehlentwicklungen der Agrarpolitik. Andererseits geben uns die großen Aufwendungen die *Freiheit für eine Neuorientierung der Agrarpolitik*, die nicht allein Förderung der technischen Rationalität, sondern vor allem Ausrichtung auf die gesellschaftspolitischen Aufgaben der Landwirtschaft bedeutet. Bei einer entsprechenden Veränderung und Erweiterung der Agrarpolitik könnten nicht nur Mittel gespart, sondern auch sinnvoller und zielgerechter eingesetzt werden. Praktisch heißt das, die Einkommenspolitik von ihrer festen Bindung an die Preispolitik zu befreien und durch direkte Einkommensbeiträge an die Landwirte zu ergänzen.

Eine kombinierte Einkommenspolitik ist die zentrale Aufgabe, mit dem Ziel, der Landwirtschaft nicht nur ihre wirtschaftliche, sondern auch ihre ökologische Wertschöpfung zu vergüten.

Doch immer noch bestehen dagegen erhebliche Bedenken. Auf volkswirtschaftlicher Seite befürchtet man einen Einbruch in unser marktwirtschaftliches System. Im Bauernverband möchte man an der bevorzugten Förderung der größeren Landwirte über die Preise festhalten. Infolgedessen wurden auch alle bisherigen Ansätze für die Gewährung von Einkommenshilfen oder Ausgleichszulagen nur halbherzig durchgeführt oder schon im Vorstadium abgeblockt. So geriet die Agrarpolitik in eine Wirrnis widersprüchlicher Maßnahmen und kann die fortschreitende Auflösung unserer bäuerlichen Struktur nicht aufhalten. Wenn die Entwicklung wie in den letzten Jahren weitergeht, würden bald nach der Jahrtausendwende die letzten Bauern ihre Tore schließen und großen, spezialisierten Betrieben in ausgeräumten Landschaften und Massentierhaltungen die Produktion überlassen. Wir erleben hier einen typischen Fall des von Hegel formulierten *»Umschlages von der Quantität in eine neue Qualität«*: Mit der Verminderung der Anzahl der Bauern wird ihre gesellschaftspolitische Stellung qualitativ verändert.

So stehen wir heute mit der Agrarpolitik in einer Umbruchsituation und betreten völliges Neuland. Mit kleinen Teilmaßnahmen ist der Bauer nicht mehr zu retten, der unsere Umwelt versorgt.

Eine kombinierte Einkommenspolitik aus gesamtwirtschaftlicher Sicht

In den hochentwickelten Industrieländern vollzieht sich eine Strukturwandlung der Wirtschaft. Bei Rückgang der traditionellen Verbrauchsgüterindustrien und der Landwirtschaft an den Erwerbspersonen erfolgt eine Verlagerung auf Dienstleistungen und auf industrielle Bereiche mit höchster Technik und Rationalität und entsprechend zunehmender Arbeitsproduktivität. Deutschland und andere Industrieländer verdanken dieser Entwicklung ihren Wohlstand und ihre führende Rolle im Export hochwertiger Produkte, etwa aus dem Maschinenbau und der Autoindustrie.

Große Teile der arbeitsintensiven Verbrauchsgüterindustrien wurden aufgegeben. So fand in der Textilindustrie ein lautloser Schrumpfungsprozeß statt. Heute kommen preisgünstige Hemden und Kleidungsstücke im Warenhaus weitgehend aus Importen, wer sich aus der inländischen Qualitätsproduktion einkleiden will, muß mehr dafür bezahlen. Auch Nahrungsmittel könnte man aus Ländern importieren, die mit niedrigen Löhnen oder bei großem Flächenreichtum billiger produzieren. Aber hier geht es um die *Grunderkenntnis:* Man kann zwar Kleidungsstücke importieren, nicht aber unsere natürlichen Lebensgrundlagen.

Die *Verbindung von Nahrungsmittelproduktion und Umweltgestaltung ist auf die Dauer nicht voneinander zu trennen.* Sie muß örtlich integriert erfolgen und verbietet uns, die Bewirtschaftung wesentlicher Teile unseres Landes aufzugeben.

In den EG-Ländern ist die Entwicklung der Wirtschaftsstrukturen bisher unterschiedlich verlaufen, wie an den verschiedenen Anteilen der Landwirtschaft an den Erwerbstätigen und am Bruttoinlandsprodukt zu erkennen ist: von rund 2% in Deutschland und Großbritannien bis zu 15% in den Mittelmeerländern. Dadurch bestehen im innergemeinschaftlichen Handel verschiedene Interessen, beispielsweise beim Austausch von Industrieprodukten der nördlichen Länder gegen landwirtschaftliche Spezialprodukte aus den südlichen Ländern. Aber jeder Austausch hat seine sinnvollen Grenzen in der Sicherung der landwirtschaftlichen Grunderzeugung: *Die Bewirtschaftung und Pflege ihrer Acker- und Grünlandflächen ist auch für die höchstentwikkelten Industrieländer eine Lebensfrage.* Denn gerade hier bestehen bei höchstem Wohlstand die größten Umweltgefährdungen, so daß sie um so mehr auf gesunde landwirtschaftliche Ausgleichsräume angewiesen sind.

Mißverständnisse und Widerstände gegen eine kombinierte Einkommenspolitik

Eine jahrzehntelange Diskussion über Einkommensbeihilfen hat wenig Klarheit gebracht, aber deutliche Widerstände des Bauernverbandes gegen Einkommenshilfen erkennen lassen.

Einige praktische Beispiele und wissenschaftliche Vorschläge für direkte Einkommensbeiträge zeigen unterschiedliche Ansatzpunkte und Auffassungen.

Im *EG-Bergbauernprogramm* wurden 1975 sogenannte Ausgleichszulagen für Gebiete beschlossen, die »hinsichtlich ihrer natürlichen Produktionsbedingungen am stärksten benachteiligt« sind. Damit wird praktisch anerkannt, daß die naturbedingten Einkommensunterschiede durch die Preispolitik nicht ausgeglichen werden können, daß aber gerade in diesen Gebieten die »Erhaltung der Landschaft« und die »Lebensfähigkeit und Besiedlung der Gebiete« erwünscht ist, wie es in den Zielen der Richtlinien heißt. 30% der deutschen Nutzflächen waren für Ausgleichszulagen vorgesehen. Doch bis 1984 wurden auf einem Drittel dieser Fläche nur rund 100 Mio. DM jährlich ausgezahlt, obwohl nach den Brüsseler Beschlüssen das Mehrfache möglich gewesen wäre. Erstaunlicherweise hielt sich der Bauernverband mit Protesten sehr zurück, und erst die große Unruhe unter den Bauern führte dazu, daß die Ausgleichszulagen seit 1987 auf 750 Mio. DM aufgestockt und die Gebiete dafür auf 50% der deutschen Nutzflächen erweitert wurden.

Wissenschaftliche Untersuchungen über Einkommensbeihilfen gingen von verschiedenen Zielen aus. In einer Untersuchung von Koester und Tangermann[19] von 1976 wurden personale und einkommensgebundene Beihilfen vorgeschlagen, die bei der Hofübergabe auslaufen, die nachfolgende Generation also schlechter stellen und zur Abwanderung veranlassen sollten, um den Strukturwandel zu fördern.

Im Gegensatz dazu wurde 1979 ein erstes Modell einer kombinierten Einkommenspolitik mit flächengebundenen Beihilfen von einer von H. von der Groeben und H. Priebe geleiteten Arbeitsgruppe[20] vorgelegt und anhand von Beispielen hinsichtlich der Auswirkungen erläutert. Dabei stand die Förderung der Extensivierung mit dem doppelten Ziel einer Verminderung der Überschüsse und Erhaltung bäuerlicher Betriebe im Vordergrund.

Von *agrarpolitischen Oppositionsgruppen* ist die Schlüsselfrage ergänzender Einkommenshilfen zur Förderung der bäuerlichen Landwirtschaft richtig erkannt worden. Kernstück ihrer Vorschläge sind nach Betriebsgrößen gestaffelte Preise. Leider führen Fragen nach der Realisierung einer solchen Politik ins Ungewisse. Wie soll aber eine Einkommenspolitik mit unterschiedlichen Preisen für die Betriebe und ihre Produkte ohne ein exaktes System von Garantiemengen durchführbar sein, wenn man auch die Überschußbildung und die Mittelvergeudung beenden will? Wie sollte die Festlegung der berechtigten Betriebe und ihrer Ablieferungsmengen, wie die Kontrolle und Verrechnung der unterschiedlich teuren Produkte gegenüber den Handels- und Verarbeitungsbetrieben praktisch erfolgen, ohne die Bauern einer Mammutbürokratie auszuliefern?

Vor allem aber fehlt diesen Vorschlägen zur Aufstockung der bäuerlichen Einkommen die Verbindung mit ökologischen und gesellschaftspolitischen Leistungen. Gewiß haben bäuerliche Betriebe die besten Voraussetzungen für eine Wirtschaftsweise in natürlichen Kreisläufen. Diese ist aber nicht grundsätzlich an die Betriebsgröße gebunden. Infolgedessen müßten besondere Vergütungen nicht bei der Größe der Betriebe, sondern an Kriterien für ihre naturgerechte Bewirtschaftung ansetzen. Wenn die

Vergabe dann produktionsneutral auf die Fläche bezogen wird, könnte man kleine Betriebe bevorzugen, besser noch, Betriebe mit größeren Flächen und Viehbeständen stärker belasten, um der weiteren Konzentration entgegenzuwirken.

Widerstände des Deutschen Bauernverbandes gegen Einkommenshilfen haben eine echte Diskussion darüber verhindert. Minister Kiechle[21] hat die Gründe dafür offen angesprochen. Er meinte, daß zukünftige Transferzahlungen verstärkt über die Fläche erfolgen müßten, erinnerte aber an »Bedenken größerer Betriebe in Norddeutschland, daß über direkte Zuschüsse der Marktpreis oder das Kämpfen um bessere Preise vernachlässigt werden könnte«.

Die Begründungen des Bauernverbandes gegen direkte Einkommensbeiträge sind wenig überzeugend. Das Schlagwort, die Bauern wollten keine Subventionen, sondern sich ihr Einkommen ehrlich über den Preis und Markt verdienen, täuscht darüber hinweg, daß die Preispolitik durch die Überschußkosten längst zu einer nur mühsam kaschierten Subventionspolitik geworden ist. Praktisch geht es hier doch um die Frage, ob über die Preise versteckte Subventionen an die Spitzenverdiener fließen oder ob über direkte Vergütungen eine offene Förderung der einkommensschwachen Bauern erfolgt.

Vielfältige Vorteile einer kombinierten Einkommenspolitik

Bei Absicherung bäuerlicher Betriebe durch ergänzende einkommenspolitische Maßnahmen könnte eine *marktorientierte Preispolitik* günstige Auswirkungen haben.

1. Eine Abschwächung der Überproduktion würde zur *Verminderung der Vergeudung volkswirtschaftlicher Mittel* führen und sowohl ihre sozial gerechtere als auch ökologisch sinnvol-

lere Verteilung ermöglichen. Konkret müßte das bedeuten: Teile der ersparten Marktordnungskosten fließen den Bauern direkt zu und kommen damit auch der Wirtschaft und Bevölkerung im ländlichen Raum zugute.

2. Die EG würde den Druck ihrer subventionierten Agrarexporte auf den Weltmarkt abschwächen und dadurch *außenwirtschaftliche Spannungen* mit wichtigen Handelspartnern abbauen. Eine Stabilisierung der Weltmarktpreise könnte sich auch auf die Dritte Welt auswirken und vielen Millionen Bauern neue Hoffnung geben.

3. Ohne Dirigismus, mit rein marktwirtschaftlichen Mitteln könnten die Preisvorteile der *Futtermittelimporte vermindert* werden, mit günstigen Auswirkungen auf die Strukturentwicklung innerhalb der EG: Die Wettbewerbsvorteile der Massentierhaltungen gegenüber der bäuerlichen Landwirtschaft mit eigenem Futterbau und bodengebundener, umweltschonender Wirtschaftsweise würden verringert.

Von der anderen Seite aus betrachtet können ergänzende Direktzahlungen an die Bauern bei richtiger Bemessung zu offensichtlichen *Vorteilen für die Strukturentwicklung* der Landwirtschaft führen. Dabei sei nochmals betont, daß direkte Vergütungen nicht als Mittel gehobener Sozialfürsorge mißverstanden und an den Familieneinkommen orientiert werden sollten, wie es neue Vorschläge der EG-Kommission für »vorübergehende Einkommenshilfen«[22] leider vorsehen. Die Zahlungen sind ökologisch zu motivieren und dienen der Absicherung umweltgerecht wirtschaftender Betriebe sowie der Vergütung ihrer gesellschaftspolitischen Leistungen:

1. Die *produktionsneutrale, flächengebundene Vergabe* der Mittel vermindert die Anreize zur Produktionssteigerung, zumal

ihre Einkommenswirkungen relativ um so größer sind, je extensiver gewirtschaftet wird. Sie sind marktwirtschaftlich auch eine bessere Lösung als Produktionskontingente und engen die Selbständigkeit der Bauern nicht ein.

2. Die großen *Einkommensunterschiede innerhalb der Landwirtschaft* können vermindert werden. Während einheitliche Preisanhebungen die absoluten Einkommensabstände auf Grund der Unterschiede in den natürlichen Produktionsbedingungen stets vergrößern, tritt schon bei einheitlichen, flächengebundenen Beihilfen eine Abschwächung der Abstände ein. Bei Differenzierung der Beihilfen nach den Ertragswerten wie im EG-Bergbauernprogramm können die Existenzbedingungen der Bauern in ungünstigen Landbaugebieten verbessert werden. Das ist gesellschaftspolitisch ein doppelter Vorteil, da die für die Produktion weniger günstigen Gebiete die ökologisch wertvolleren Ausgleichsräume sind.

Die *praktische Gestaltung der kombinierten Einkommenspolitik* muß von dem Grundsatz ausgehen: Einkommensbildung über die Preise, soweit die Marktlage es zuläßt, ergänzende, produktionsneutrale Direktzahlungen, soweit sie zur Erhaltung von Betrieben mit naturgerechter Wirtschaftsweise erforderlich sind. Bezugswert sollte die landwirtschaftliche *Nutzfläche* der Betriebe sein, soweit ihre Bewirtschaftung im Rahmen bestimmter Kriterien erfolgt (s. S. 106).

Im Verhältnis von Richtpreisen und Beihilfen sind *mittel- und längerfristige Vorgaben* erforderlich, die einerseits die Produktivitätsentwicklung, andererseits die allgemeine Einkommensentwicklung berücksichtigen. Die jährliche Festsetzung wird erhebliche Diskussionen erfordern. Jedoch ist kaum denkbar, daß sie noch mehr Schwierigkeiten bereiten wird als die bisherigen jährlichen Entscheidungen über die EG-Richtpreise.

Trotz der weitverbreiteten Ablehnung einer kombinierten Einkommenspolitik sind in den achtziger Jahren viele öffentliche Mittel außerhalb der Preispolitik in die Landwirtschaft geflossen. Doch sie wurden weitgehend falsch verteilt, jedenfalls weder in ein agrarpolitisches Gesamtkonzept einbezogen noch nach ökologischen Leistungen vergeben. Erste Aufgabe des Bundeslandwirtschaftsministeriums wäre es, eingehende Untersuchungen der Wissenschaft über die Möglichkeiten und Auswirkungen einer kombinierten Einkommenspolitik anzuregen. Leider wurden bisher nicht einmal die Mittel für die Aktualisierung und Erweiterung der vorliegenden Untersuchungen bereitgestellt. So ist es für den Bauernverband leichter, die Vorschläge für eine neue Einkommenspolitik mit Schlagworten abzutun, die in ihrem Realitätsgehalt schwer zu beurteilen sind.

Doch diese Politik droht nun in eine Tragödie unseres Bauerntums zu führen: Angesichts der Tendenz zur Produktionssteigerung wird das EG-Preisniveau nicht zu halten sein. Um so schlimmer ist es, daß dann ergänzende Einkommenshilfen zur Absicherung der bäuerlichen Landwirtschaft fehlen, die wir zur Erhaltung unserer natürlichen Lebensgrundlagen dringend brauchen.

Ökologische Betrachtung verschiedener Betriebsformen

Über die ökologische Bewertung der Betriebsgrößen bestehen unterschiedliche Auffassungen. Generelle Urteile sind hier kaum möglich, denn in allen Betriebsgrößen gibt es Umweltsünder, andererseits aber auch hervorragende Beispiele naturgerechter Bewirtschaftung.

Entscheidend ist die *Verbindung der Betriebsgröße mit bestimmten Bewirtschaftungsformen* in der Bodennutzung und Tierhaltung. Da gehen extreme Umweltgefährdungen von kleinen Dauerkulturbetrieben mit Wein- und Gemüseanbau und Höchsteinsatz von Mineraldünger und Pflanzenschutzmitteln aus. Auch die sogenannten Veredlungsbetriebe mit großen Viehbeständen, die der Fläche nach teilweise zu den Kleinbetrieben rechnen, sind ökologisch höchst problematisch.

Im allgemeinen Durchschnitt sind aber in den *Umweltwirkungen der Betriebsgrößen bestimmte Tendenzen deutlich erkennbar* und teilweise auch betriebswirtschaftlich zu erklären. Unbestreitbar ist, daß die Aufwendungen für mineralische Düngemittel und Pflanzenschutzmittel in den Vollerwerbsbetrieben mit zunehmenden Betriebsgrößen erheblich steigen, während die Nebenerwerbsbetriebe weniger intensiv wirtschaften und die bewußt ökologisch orientierten »alternativen« Betriebe mit minimalen chemischen Aufwendungen völlig aus dem Rahmen fallen:

Aufwendungen an Düngemitteln und Pflanzenschutzmitteln in DM je ha (Gesamtdurchschnitte nach Agrarbericht 1990)

Betriebsgrößen nach StBE[23]	unter 40	40–60	über 60	zusammen
Betriebsgröße ⌀ ha LF	22	32	52	32
Vollerwerbsbetriebe DM/ha	339	383	457	398
Nebenerwerbsbetriebe DM/ha				303
Alternative Betriebe DM/ha				65

Allgemein bestehen auch deutliche Zusammenhänge zwischen *Betriebsgröße und Landschaftsgestaltung*. Größere Felder sind ökologische Barrieren. Haber[24] hat dazu die Regel formuliert: »Je großflächiger und einheitlicher oder je konzentrierter auf kleinem Raum und je langfristiger (ohne Wechsel) eine Landnutzung durchgeführt wird, um so größer sind ihre umweltbelastenden Neben- und Nachwirkungen – auch für die Nutzer selbst.« Gewiß besteht hier keine Zwangsläufigkeit. Aber die Wirklichkeit ist so, wie in den monotonen Produktionsgebieten der günstigen Landbauzonen mit überwiegend größeren Marktfruchtbaubetrieben überall erkannt werden kann.

Diese Entwicklung zur *Spezialisierung in größeren Betrieben* hat sich erst in den letzten Jahrzehnten mit der Technisierung herausgebildet und wird durch die heutige Agrarpolitik weiter verstärkt. Früher wurde auch der Lehrling im Großbetrieb noch dahin unterwiesen, daß für die dauernde Ertragsfähigkeit bestimmte Verhältnisse im Viehbestand zur Fläche, in der Fruchtfolge und in den eigenen Futterflächen erforderlich seien. Heute gehen von den hochtechnisierten großen Ackerbaubetrieben und den Massentierhaltungen die schwersten Umweltschädigungen aus, in der Verarmung der Landschaft und Zerstörung der Artenvielfalt, in den Belastungen des Grundwassers und der Nahrungsmittel.

In der Europäischen Gemeinschaft wie auch in der deutschen Landwirtschaft sind *bäuerliche Familienbetriebe die vorherrschenden Betriebsformen* (vgl. Übers. S. 79). Sie haben in aller Welt große Anpassungsfähigkeit bewiesen und in den hochentwickelten Ländern auch an der agrartechnischen Entwicklung voll teilgenommen. Die Technik hat ihre Größen weit hinausgeschoben: Nach der betriebswirtschaftlichen Definition gehören auch große spezialisierte Getreidebaubetriebe oder Massentierhaltungen noch zu den Familienbetrieben mit ein bis zwei Vollarbeitskräften. Zur Definition des Begriffes »bäuerlicher Betrieb« reichen daher die sozialökonomischen Kriterien nicht mehr aus und sollten durch ökologische Kriterien ergänzt werden.

In diesem Sinne wird unter *bäuerlich die Familienarbeitsverfassung in Verbindung mit der Verbundwirtschaft*, der Integration von Bodennutzung und Tierhaltung verstanden, wie sie für den bäuerlichen Betrieb stets typisch war und den Gesetzmäßigkeiten der Natur auch heute und morgen entspricht. Daraus ergibt sich sowohl die wirtschaftliche Stärke als auch die ökologische Bedeutung des bäuerlichen Betriebes.

In allen selbständigen Berufen, ob bei Handwerkern, Wissenschaftlern oder Künstlern, bilden sich besondere Lebenseinstellungen und Berufsauffassungen heraus, die zum Gedeihen der Arbeit beitragen, aber auch über wirtschaftliche Interessen hinaus wirken. Im *bäuerlichen Beruf* hat sich aus der Verbindung mit der Natur, im Umgang mit lebendigen Systemen und der Verflechtung der Arbeitswelt mit dem Familienleben und sozialen Umfeld ein besonderes Arbeitsethos gebildet. Der echte Bauer ist Haushalter der Natur, die persönliche Beteiligung an seinen Aufgaben ist ein Produktionsfaktor höherer Ordnung.

Auch der *wirtschaftliche Erfolg* ist in der Landwirtschaft mit ihrer Vielfalt der Aufgaben und dem Wechselspiel der Lebensvorgänge von Menschen abhängig, die jederzeit eigene Entscheidungen treffen können und sich persönlich beteiligt fühlen. Dazu ist ein Vergleich mit den großindustrialisierten Agrarbetrieben in der DDR sehr aufschlußreich: Die Bauern standen dort vor 40 Jahren auf dem gleichen Leistungsniveau wie im Westen, für die gewaltsame Bildung der Großbetriebe wurde die dörfliche Kultur und Landschaft geopfert, diese können aber trotz höchster Technik mit den bäuerlichen Familienbetrieben in Westeuropa bis heute wirtschaftlich nicht mithalten.

Die *ökologische Bedeutung der bäuerlichen Wirtschaft* liegt zunächst in der kleinräumigen Gestaltung der Felder und Gemarkungen, die eine Vernetzung der Landschaft mit Biotopen und Lebensräumen für Wildpflanzen und Wildtiere begünstigt und dadurch zur Erhaltung der Artenvielfalt beiträgt. Und die reich gegliederte Landschaft hat auch für die Zukunft einer hochentwickelten Industriegesellschaft besonderen Wert.

Aus der Wirtschaftsweise im *natürlichen Verbund von Pflan-*

zenbau und Viehhaltung auf weitgehend eigenen Futterflächen, wie sie das wichtigste Merkmal der bäuerlichen Betriebe bleibt, ergeben sich seine ökologischen Vorzüge. Dabei ermöglichen es vielseitige Fruchtfolgen, natürliche Nährstoffkreisläufe und ein reiches Bodenleben, sparsam mit chemischen Mitteln zu wirtschaften und mehr aus der Nutzung der eigenen natürlichen Ressourcen zu produzieren. Das ist Kultur im besten Sinne, die ein besonderes Einfühlungsvermögen erfordert und dem bäuerlichen Beruf seine eigene Würde gibt.

Alles in allem sind die Grundvoraussetzungen der bäuerlichen Landwirtschaft – wenn das von den Agrarpolitikern richtig begriffen wird – besser, als es in der weitverbreiteten Resignation heute aussehen mag.

Die bäuerlichen Familienbetriebe mit Erwerbskombinationen bilden eine besondere Gruppe. In der deutschen Landwirtschaft sind das rund zwei Drittel aller Betriebe, die mit außerlandwirtschaftlichem Zuerwerb oder im Nebenberuf bewirtschaftet werden. Erwerbskombinationen haben eine lange Tradition, sie waren stets eine wirtschaftliche Grundlage großer Teile der ländlichen Bevölkerung auch im Handwerk und Gewerbe und gewinnen für die soziale Stabilität und die Pflege von Umwelt und Landschaft zunehmende Bedeutung.

Bei gesättigten Märkten ist die Anzahl der Familien begrenzt, die als hauptberufliche Bauern leben können, und in vielen Klein- und Mittelbetrieben sind die heutigen Einkommenserwartungen über eine Ausweitung der Produktion nicht mehr zu erfüllen. So stehen viele Bauern vor der Entscheidung, sich nach zusätzlichen Erwerbsmöglichkeiten umzusehen. Das ist als ein vernünftiger Anpassungsprozeß in allen hochentwickelten Industrieländern zu beobachten, in Europa, in den Vereinigten Staaten wie auch in Japan. Dort werden bei dichter Bevölkerung 90%

der überwiegenden Kleinbetriebe neben anderen Berufen bewirtschaftet.

Auch in *Westeuropa überwiegen Erwerbskombinationen* mit unterschiedlichen Anteilen, je nach den Naturbedingungen, aus historischen Gründen und nach dem Entwicklungsstand der gewerblichen Wirtschaft. In Italien ist angesichts der kleinbetrieblichen Struktur mit 60% oder mehr zu rechnen, letzte Angaben aus Frankreich liegen bei 30% nebenberuflich bewirtschafteter Betriebe. In Deutschland bietet die dezentralisierte Wirtschaftsstruktur besonders günstige Möglichkeiten für die Kombination der Landwirtschaft mit anderen Berufen. In vielen ländlichen Räumen bilden nebenberufliche Landwirte bereits die Kerngruppe der ländlichen Bevölkerung, und die Pflege von Umwelt und Landschaft ist ihnen dort nahezu vollständig zu verdanken.

Nebenberufliche Kleinbetriebe sind heute keine musealen Restbestände, sondern haben an der technischen Entwicklung weitgehend teilgenommen, teilweise in der Zusammenarbeit in sogenannten Maschinenringen. Und bei richtiger Organisation geht ihre Bewirtschaftung auch nicht zu Lasten der Bäuerin, im Gegenteil, manche Frauen können hier eine Teilzeitbeschäftigung finden, bei der sie die Verbindung zu ihren Kindern nicht täglich aufgeben müssen wie viele Frauen in anderen Berufen.

Ohnehin halten viele Familien nicht nur aus wirtschaftlichen *Motiven* an der nebenberuflichen Landwirtschaft fest. Bei sonst oft einseitiger Berufsarbeit ermöglicht sie einen Ausgleich durch eine selbstbestimmte Tätigkeit in der Freizeit, bei der die Verbindung mit der Natur, auch vielleicht mit Tieren, Freude macht. Dabei wird oft an die Entwicklungsmöglichkeiten der Kinder oder die Eigenerzeugung gesunder Nahrungsmittel gedacht. Der eigene Grund und Boden stärkt die soziale Sicherheit, gibt einen Freiraum selbständiger Entfaltung und materiell und ideell eine Verbesserung der Lebensqualität.

Für die Agrarpolitik bringen die *Teilzeitlandwirte erhebliche Vorteile*: Sie haben weniger Zeit, ihr Land zu bewirtschaften, und stehen nicht so sehr unter dem Zwang, das Höchstmögliche herauszuholen wie die Nur-Landwirte. Das führt zwangsläufig zu extensiveren Bewirtschaftungsformen. Nach den deutschen Agrarberichten liegen die durchschnittlichen Produktionswerte der Nebenerwerbsbetriebe je Hektar bei nur 75 bis 80% der Vollerwerbsbetriebe, und auch die Ausgaben für Dünge- und Pflanzenschutzmittel sind entsprechend niedriger.

So tragen die *nebenberuflichen Landwirte zur Verminderung der Überschüsse und der Umweltbelastungen* bei. Die Agrarpolitik sollte sie nicht wie bisher als Bauern zweiter Klasse behandeln und bei vielen Maßnahmen benachteiligen. Aufgabe ist ihre mindestens gleichwertige Einbeziehung in die Agrargesetzgebung und Agrarförderung. Dabei sollten weniger ihre Einkommen als ihre Leistungen für die Umwelt und ihre Bedeutung für die Kultur ländlicher Räume die Maßstäbe bilden.

Die »alternativen« Landwirte mit biologischer Wirtschaftsweise können uns zukunftsweisende Erfahrungen geben. Sie haben aus eigener Kraft neue Wirtschaftsmethoden entwickelt, weniger aus ökonomischen Interessen als aus einem anderen Wertebewußtsein von ihrem Beruf, einer besonderen Verantwortung für die Menschen, denen sie Nahrung schaffen, für den Naturhaushalt und die ihnen anvertrauten Lebewesen. Mit der Verweigerung der chemischen Produktionsmittel und Massentierhaltungen haben sie die neuralgischen Punkte der modernen Landwirtschaft getroffen und in stiller Reserve zum herrschenden, technokratischen Denken in der Agrarpolitik eine große moralische Leistung erbracht.

Die deutschen Agrarberichte weisen seit einigen Jahren die Ergebnisse einer Gruppe alternativer Betriebe mit bewußt biologischer und ökologischer Wirtschaftsweise aus. Der Vergleich mit dem großen Durchschnitt der »konventionellen« Testbetriebe läßt die *Besonderheiten alternativer Wirtschaftsweise* am besten erkennen:

1. Typisch sind vielfältigere *Fruchtfolgen* mit weniger Getreide, dabei weit höheren Anteilen an Ackerfutter, jedoch nur minimalem Maisanbau.

2. Der *Viehbesatz* liegt mit 1,1 Großvieheinheiten je Hektar wesentlich unter dem allgemeinen Durchschnitt und ist typisch für eine artgerechte Haltung auf der eigenen Bodenproduktion bei geringem Futterzukauf.

3. Die *Erträge* sind erwartungsgemäß geringer und liegen je Hektar bei 70 bis 80% der Gesamtdurchschnitte. Entsprechend geringer sind auch die Sachaufwendungen, insbesondere auf Grund des minimalen Aufwandes an chemischen Mitteln.

4. Im *Betriebseinkommen* sind die Unterschiede gering, die niedrigeren Erträge werden durch Ersparnisse bei den Sachausgaben weitgehend ausgeglichen. Doch erfordern die alternativen Betriebe einen etwas höheren Arbeitsbesatz, und bei der Einkommensrechnung bleibt auch zu bedenken, daß die alternativen Produkte höhere Preise erzielen, vor allem für Getreide und Kartoffeln. Wenn die Verbraucher die Qualität zu honorieren bereit sind, entspricht das marktwirtschaftlichem Verhalten, und für die Bauern liegt darin ein Entgelt für ihre größeren Bemühungen im biologischen Anbau.

So sind die alternativen Betriebe praktisch eine *agrarpolitische Wunschkombination* ökonomischer und ökologischer Ziele: Umweltverträgliche Landwirtschaft auf der Grundlage der eigenen Naturkräfte bei Ersparnis der Kosten für Überschüsse und zugleich Erhaltung von Arbeitsplätzen.

Insofern liegt die Frage nahe, warum die alternative Landwirtschaft nicht zum allgemeinen Nutzen schon stärker gefördert wird. Immerhin ist erfreulich, daß im Rahmen des neuen Programms zur Extensivierung der Agrarproduktion Hilfen zur Umstellung von Betrieben auf alternative Wirtschaftsweise gewährt werden.

Bisher umfaßt die alternative Landwirtschaft weniger als 1% der Nutzflächen, und gewiß ist auch in absehbarer Zeit kaum an eine entsprechende Umstellung der gesamten Landwirtschaft zu denken. Aber viele Bauern könnten doch von den Erfahrungen der Alternativen in der Sicherung der Bodenfruchtbarkeit durch vielfältigen Fruchtwechsel und eine bodengebundene Viehhaltung lernen und erkennen, daß Wirtschaftlichkeit nicht nur bei höchsten Produktionsmengen, sondern auch geringeren Aufwendungen möglich ist. Und liegt es nicht nahe, über *Schlußfolgerungen für die Agrarpolitik nachzudenken*, wenn man gegenüberstellt:

▷ höhere Produktionskosten der alternativen Landwirte durch höheren Arbeitsaufwand,

▷ höhere Marktordnungskosten der heutigen Intensivlandwirtschaft?

Eine grobe Überschlagsrechnung nach den Ergebnissen des Agrarberichtes 1988 läßt erkennen, daß der Unternehmensertrag der alternativen Betriebe um 22000 DM geringer wäre, wenn man die bei Getreide, Kartoffeln und Milch erzielten Preise auf das Preisniveau der konventionellen Testbetriebe vermindert. Das wären im Betriebseinkommen 800 DM je Hektar LF. Konkret bedeutet das: Die höheren Preise, die für die besonderen Qualitäten der alternativen Landwirte von den Verbrauchern gezahlt werden, entsprechen in der Größenordnung den Marktordnungskosten, die für die konventionellen Betriebe von den Steuerzahlern aufgebracht werden. Umgekehrt: Für den Gegenwert der Marktordnungskosten könnten die biologischen Produkte auf das übliche Preisniveau verbilligt werden.

Wenn sich hier rechnerisch nahezu ein Ausgleich ergibt, wäre die nächste Frage: Wie hoch sind die *zusätzlichen Kosten für Umweltschäden*, die der Gesellschaft durch die Intensivlandwirtschaft entstehen? Sie lassen sich gewiß nicht genau berechnen und sind Teil der gesamten Umweltschäden, die von Lutz Wicke[25] in der Größenordnung von 100 Mrd. DM für die Bundesrepublik angesiedelt werden.

Darüber hinaus gehen die Schäden durch die Intensivlandwirtschaft weit in immaterielle Bereiche hinein. Schauen wir nur einen älteren, in eine lebendige Heckenlandschaft eingebetteten Bauernhof oder einen biologischen Betrieb an und vergleichen ihn mit den unternehmerisch so gelobten modernen Intensiv- und Spezialbetrieben in ihrer ganzen Phantasie- und Kulturlosigkeit, so wird uns klar, worum es für die Zukunft geht. Hier ist auch die Betrachtung der gesamten Produktionsverhältnisse noch nicht alles, die Fragen führen in ein tieferes Verständnis für die umfassenden Probleme der menschlichen Existenz in ihrem Verhältnis zur Natur.

Produktion aus natürlichen Ressourcen

Die Umwidmung landwirtschaftlicher Flächen von der Nahrungsmittelerzeugung zum Anbau nachwachsender Rohstoffe wird gern mit einem wünschenswerten Beitrag zur Schaffung erneuerbarer Energien begründet. Dabei wird andererseits zuwenig daran gedacht, welche *Möglichkeiten in der Verminderung des Energieaufwandes* der Landwirtschaft bestehen. Dieser Gedanke könnte zu weiteren Überlegungen führen: Welche volkswirtschaftlichen Ersparnisse und welche ökologischen Entlastungen wären bei vermindertem Energieeinsatz und dadurch geringeren Überschüssen und Finanzlasten der Landwirtschaft denkbar?

Die Frage nach den Aufwendungen an Fremdenergie führt – umgekehrt – zur *Frage, in welchem Maße die Produktion in den verschiedenen Betriebsformen aus natürlichen Ressourcen* hervorgeht. Praktisch heißt das: aus der Sonnenenergie über den Assimilationsprozeß in den grünen Pflanzen und aus den Nährstoffen, die sich in den oberen Bodenschichten durch Verwitterungsprozesse bilden und durch Bearbeitung und Belebung des Bodens gefördert werden.

Gegen Ende des 19. Jahrhunderts basierte der Energieeinsatz in der deutschen Landwirtschaft zu 97% auf der Eigenenergie in menschlicher Arbeit (40%) und tierischer Zugkraft (57%). Im Jahre 1934 war der Energieanteil im Mineraldünger auf 14% gestiegen, aber auf menschliche und tierische Energien entfielen immer noch 78% des gesamten Energieeinsatzes. Dann begann der schnelle Übergang zur Fremdenergie. 1975 entfielen nur noch 5% auf Eigenenergien aus der menschlichen Arbeit, 24% auf Mineraldünger, 48% auf Strom und Treibstoffe.[26]

Beim Energieeinsatz in der Landwirtschaft kann zwischen direktem Einsatz in den Betrieben und dem indirekten Einsatz unterschieden werden, der zur Herstellung der Produktionsmittel erforderlich ist, z. B. bei der Synthese von Stickstoff. Nach Angaben des Bundesamtes für Ernärung und Forstwirtschaft in Frankfurt/Main hat sich der *Energieeinsatz in der Landwirtschaft und Gartenbau* wie folgt entwickelt:

Wirt-schafts-jahr	in Mio. t Steinkohleneinheiten (SKE)			in Mrd. DM		
	direkter Einsatz	indirekter Einsatz	Energie-einsatz insgesamt	direkter Einsatz	indirekter Einsatz	Energie-einsatz insgesamt
1950/51	1,59	1,14	2,73	0,31	0,73	1,04
1960/61	3,16	1,85	5,01	0,95	1,65	2,60
1970/71	6,45	3,11	9,56	1,99	2,70	4,69
1980/81	7,04	3,21	10,25	5,11	5,72	10,83
1987/88	6,77	3,05	9,82	4,09	5,24	9,33

Die Entwicklung zeigt vom Ausgangspunkt der traditionellen Landwirtschaft mit eigener Zugkraft und geringem Düngemittelaufwand nach dem Zweiten Weltkrieg eine *Steigerung des Energieaufwandes auf nahezu das Vierfache* innerhalb von 20 Jahren. Die Steigerung in Geldwerten war auf Grund der Preiserhöhungen wesentlich größer. Vor allem die Zeit von 1950 bis 1970 war die Periode der revolutionären Veränderungen in den landwirtschaftlichen Produktionsmethoden und Betriebsstrukturen. Sie führte bei zunehmenden Erträgen zu einer *Steigerung der Einkommen auf das Fünffache* (s. S. 90).

Die Steigerung des Energieverbrauches hat Anfang der achtziger Jahre ihren Abschluß gefunden. Typisch dafür ist auch der durchschnittliche Aufwand an *Stickstoff*: Je Hektar wurden 1950/51 erst 25,6 kg, 1970/71 83,3 kg, 1980/81 126,6 kg aufgewandt. Dann gab es eine Stagnation bei rund 130 kg Stickstoff je Hektar LF. Ursache dafür waren die Reaktionen der Landwirte auf stagnierende Erzeugerpreise und auf den abnehmenden Ertragszuwachs bei steigenden Düngergaben: Während Mitte der fünfziger Jahre 22,9 kg Stickstoff zur Erzeugung einer Tonne Bruttobodenproduktion (in Getreideeinheiten) ausreichte, wurden auf dem höheren Ertragsniveau der siebziger Jahre rund

127

34 kg Stickstoff dafür benötigt.[27] Die weiterhin zunehmende Stickstoffdüngung brachte auch wohl noch zunehmende Produktionsmengen.

Doch jeder zusätzliche Aufwand führte nur noch zu einer relativ geringeren Ertrags- und Gewinnsteigerung. Folgerichtig wurde die Intensität der Stickstoffdüngung seit 1980 im Gesamtdurchschnitt nicht mehr erhöht.

Ein Maßstab für die insgesamt zunehmende Intensivierung der Landwirtschaft ist auch die *Entwicklung der Aufwendungen an industriellen Produktionsmitteln*, wie Düngemitteln, Pflanzenschutzmitteln, Treib- und Heizstoffen, Maschinen. Dabei ist jedoch zu beachten, daß die monetären Werte nicht die echten Energieaufwendungen wiedergeben, sondern nur ihre wirtschaftliche Bewertung.

Die finanzielle *Entwicklung der Sachaufwendungen* spiegelt aber den zunehmenden Energieaufwand der Landwirtschaft annähernd wider. Die Sachaufwendungen sind nicht nur absolut, sondern in ihren Anteilen an den Betriebserträgen erheblich gestiegen. Die sprunghafte Steigerung der Anteile im Zeitraum von 1951/52 bis 1968/69 kennzeichnet auch hier den Übergang von der tierischen Zugkraft zur Motorisierung und Mechanisierung der landwirtschaftlichen Betriebe:

Anteile der Sachaufwendungen an den Betriebserträgen (Gesamtdurchschnitte der Vollerwerbsbetriebe)[28]

1951/52	22%	1978/79	69%
1958/59	55%	1987/88	71%
1968/69	65%	1988/89	68%

Agrarpolitisch von besonderem Interesse sind die heutigen *Sachaufwendungen in verschiedenen Betriebsformen* (Agrarberichte

1989 und 1990): Der allgemeine Rückgang im Wirtschaftsjahr 1988/89 ist eine Folge der überdurchschnittlichen Betriebserträge dieses Jahres.

Wirtschaftsjahr	Sachaufwand in % der Betriebserträge	
	1987/88	1988/89
Vollerwerbsbetriebe insgesamt	71	68
davon: Marktfruchtbetriebe	74	72
Veredlungsbetriebe	84	79
Futterbaubetriebe	67	64
Alternative (ökologische) Betriebe	62	60
zum Vergleich:[29]		
extensive Mutterkuhhaltung	39	39

Aufs Ganze gesehen hat die agrartechnische Entwicklung der letzten Jahrzehnte die *Agrarproduktion zunehmend von den natürlichen Ressourcen auf industrielle Vorleistungen verlagert* und damit mehr und mehr von Fremdenergien abhängig gemacht. Die Entwicklung wurde von der Agrarpolitik gefördert und hat unbestreitbar sowohl arbeitswirtschaftlich als auch in der Produktionssteigerung erhebliche Erfolge gebracht.

Doch mehr und mehr treten die wirtschaftlichen Nachteile und ökologischen Belastungen in den Vordergrund, und wir müssen fragen, ob eine Fortsetzung der Entwicklung vertretbar ist, ob nicht teilweise das *rechte Maß in der Verwendung industrieller Produktionsmittel schon heute überschritten* wurde:

1. Der *ökologische Wert* der verschiedenen Bewirtschaftungsformen vermindert sich mit zunehmendem Sachaufwand. In-

sofern sind positivere ökologische Wirkungen bereits bei den mehr bodengebundenen Futterbaubetrieben und mehr noch den alternativen Betrieben erkennbar. Interessante Beispiele sind ganz extensive Formen der Mutterkuh- und Schafhaltung, die bei sehr geringen Aufwendungen das natürliche Wachstum ausnutzen.

2. Aus *gesamtwirtschaftlicher Sicht* ist in der Intensität der Wirtschaftsweise durch Einsatz industrieller Produktionsmittel das rechte Maß eindeutig überschritten, wie die überhöhten Produktionsmengen und die zusätzlichen Probleme für die Qualität der Nahrungsmittel zeigen.

3. Das *betriebswirtschaftliche Ziel* war stets die Einkommenssteigerung. Sie wurde befriedigend nur für eine begrenzte Anzahl größerer Betriebe erreicht, doch die damit verbundene starke Produktionssteigerung hat zur Stagnation der Preise geführt und die Masse der bäuerlichen Betriebe benachteiligt.

Die Konsequenzen für die zukünftige Agrarpolitik sind eindeutig: Im Hinblick auf das Marktgleichgewicht spricht alles dafür, nicht den Einsatz der Produktionsfaktoren Boden und Arbeitskraft, sondern den der industriellen Produktionsmittel zu vermindern. Praktisch heißt das *Extensivierung der landwirtschaftlichen Erzeugung.* Das neue EG-Extensivierungsprogramm ist in diesem Sinne ein erster Schritt in die richtige Richtung.

Allgemeine Extensivierung bedeutet weitestmögliche Ausnutzung und Pflege der natürlichen Produktivkräfte. Für eine in diesem Sinne umweltverträgliche Wirtschaftsweise mag insgesamt ein etwas größerer *Arbeitskräftebedarf* der Landwirtschaft erforderlich sein. Die entsprechende Strukturentwicklung und Erhaltung von Arbeitsplätzen – auch von Teilbeschäftigungen in landwirtschaftlichen Kleinbetrieben – wäre für die Entwicklung der ländlichen Räume von großer Bedeutung.

Demgegenüber ist *die Stillegung landwirtschaftlicher Nutzflächen* der falsche Weg. Sie bedeutet Fortsetzung der Intensivbewirtschaftung in günstigen Gebieten sowie Konzentration der Tierhaltung und damit Verzicht auf natürliche Produktivkräfte, mit allen negativen Folgen für die ländliche Sozialstruktur und Umwelt.

Schließlich sollte über den reichlichen Produktionsmengen von heute das alte Problem der *Ernährungssicherung* nicht ganz vergessen werden, das durch den hohen Aufwand an industriellen Produktionsmitteln weitgehend auf den Energiesektor verschoben wurde. Dabei ist auch zu bedenken, daß die nicht erneuerbaren Energien ohne Berücksichtigung ihrer Endlichkeit heute nur gering bewertet werden und eines Tages erheblich höhere Preise erfordern könnten.

Eine langfristige Vorsorgepolitik müßte daher Betriebsformen fördern, die in Übereinstimmung mit der Umweltpolitik unter *optimaler Ausnutzung der natürlichen Wachstumskräfte* produzieren. Eine Sicherung der Ernährung im Sinne ihrer Unabhängigkeit von äußeren Störungen ist nur dann gegeben, wenn die natürlichen Produktivkräfte der eigenen Böden erhalten werden und genügend Hände und Köpfe mit ausreichenden Erfahrungen zu ihrer Nutzung zur Verfügung stehen. Hieran fehlt es im Ostblock bei den heutigen Bemühungen, den Nahrungsmittelmangel zu überwinden. Unsere bäuerliche Struktur ist in jeder Weise ein großer Reichtum, der nicht um kleiner – wahrscheinlich nur vermeintlicher – wirtschaftlicher Vorteile verspielt werden sollte.

Alles in allem gilt es, die Fehler der wachstumsorientierten Einkommens- und Strukturpolitik zu erkennen und die *Natur wieder mehr als Mitproduzenten* zu gewinnen. Praktisch bedeutet das, alle Maßnahmen der Agrarpolitik auf die Zielsetzung auszurichten:

▷ Pflege und weitestmögliche Nutzung unserer natürlichen Ressourcen,
▷ Sicherung der Existenz einer breiten bäuerlichen Struktur mit umweltgerechter Wirtschaftsweise.

Überschau der Ansätze für ein neues Agrarprogramm

Für die erforderliche Neuorientierung der Agrarpolitik sind die Erkenntnisse und wirtschaftlichen Mittel vorhanden. Es geht um die *Einsicht* und die *politische Kraft*, sie anzuwenden und alle Maßnahmen an den übergeordneten ökologischen und sozialen Zielsetzungen zu orientieren. Wir versuchen hier eine Überschau der Ansatzpunkte für eine zukunftsweisende Agrarpolitik zu geben.

1. *Die Verbindung von Landbewirtschaftung und Umweltgestaltung* ist das übergeordnete Ziel.

Nur bei *Integration* ihrer wirtschaftlichen und ökologischen Leistungen kann die Landwirtschaft der doppelten Aufgabenstellung in der Agrarproduktion und Kultur des Landes gerecht werden, die ihr in einer Gesellschaft mit hohem Wohlstand und dichter Bevölkerung ihre lebenswichtige Bedeutung gibt. Aus der Verbindung wirtschaftlicher, sozialer und ökologischer Aufgaben erwächst die *Sozialpflicht* aller Bodenbesitzer, die in der Wirtschaftsweise und Landschaftskultur zum Ausdruck kommen muß und der Landwirtschaft die Verantwortung für die Gestaltung und Pflege aller Flächen auf mehr als der Hälfte unseres Lebensraumes gibt.

Die *Funktionstrennung*, wie sie einerseits in der Herausbildung einer Intensivlandwirtschaft mit höchster Technik und Spezialisierung, andererseits in der Schaffung besonderer Naturschutzflächen vertreten und von der Agrarpolitik weitgehend gefördert wird, führt zur Verschärfung der Belastungen von Natur, Umwelt und Nahrungsmitteln sowie zur Zerstörung unseres kulturellen Erbes, ohne daß eine Kostenverminderung der Agrarpolitik erkennbar wäre.

Der *bäuerliche Familienbetrieb* hat in seiner Sozialverfassung und Wirtschaftsweise im natürlichen Verbund von Bodennutzung und Viehhaltung beste Voraussetzungen, die wirtschaftlichen und ökologischen Aufgaben der Landwirtschaft auch unter Anwendung moderner Technik optimal zu erfüllen.

2. *Ein Ordnungsrahmen für naturgerechte Wirtschaftsformen* ist eine vordringliche Aufgabe:

▷ Die Landwirte brauchen klare Leitbilder für eine langfristig erfolgreiche Nutzung und Pflege ihrer natürlichen Ressourcen.

▷ Die Agrarpolitik braucht Rahmenrichtlinien für eine langfristige Orientierung ihrer Maßnahmen und die Überwindung der Widersprüche in der derzeitigen Förderpolitik.

Zur Verhütung von Umweltschäden sind solche *Verbote* unverzichtbar, die für die Anwendung bestimmter Mittel nach Menge und Zeit ihrer Ausbringung gelten und die Möglichkeit bieten, die Landwirte bei Überschreiten bestimmter Grenzen als Verursacher von Schäden heranzuziehen. Beispiele dafür sind Richtlinien für die Ausbringung von Gülle.

Marktwirtschaftliche *Anreize* sind die bessere Lösung, um Schäden vorzubeugen und die Entscheidungsfreiheit der Landwirte weniger einzuengen. So könnten Vergütungen im Rahmen einer kombinierten Einkommenspolitik die Verbreitung und Absicherung einer umweltverträglichen Wirtschaftsweise fördern, wenn dafür bestimmte Grenzwerte festgelegt sind, bei deren Einhaltung Schäden vermieden werden.

Dabei ist an einen *Stufenplan für Leistungsentgelte* zu denken: Obergrenzen der Viehbestände von zwei Großvieheinheiten je Hektar könnten Richtwerte für ein Verbundsystem von Bodennutzung und Viehhaltung geben, die denen des heutigen Extensivierungsprogrammes angenähert sind. Höhere Entgelte wären bei einer noch extensiveren Wirtschaftsweise denkbar, die der »biologischen« Landwirtschaft angenähert ist. Auf der anderen Seite sollten bei Überschreiten bestimmter Grenzen im Viehbesatz zunächst die Vergütungen wegfallen, schließlich von bestimmten Obergrenzen im Viehbesatz an Gefährdungsstufen beginnen, von denen ab gestaffelte Abgaben erhoben werden. In der Bodennutzung wäre die Besteuerung von Stickstoff ein Mittel, um den Belastungen des Grundwassers vorzubeugen.

Leistungsentgelte und Belastungen könnten in einem System für die Verwendung und Aufbringung der Mittel verbunden werden und von dem *Grundprinzip ökologischer Wahrhaftigkeit* ausgehen: Bei intensiver und spezialisierter Wirtschaftsweise werden den Landwirten die externen Kosten auferlegt, die sie der Gesellschaft im Naturhaushalt durch die Gewinnmaximierung verursachen. Andererseits werden der Gesellschaft bei naturgerechter Wirtschaftsweise in der Kulturlandschaft, der Pflege von Boden und Grundwasser und der Qualität der Nahrungsmittel besondere Leistungen erbracht, auf deren Vergütung die Landwirte um so mehr Anspruch haben, als sie dabei auf Gewinnmaximierung verzichten.

Es ist nicht auszuschließen, daß sich die finanziellen Aufwendungen für ökologische Leistungen im Rahmen der Marktordnungskosten halten, die bisher von den Intensivbetrieben verursacht werden.

3. *Die kombinierte Einkommenspolitik ist eine Schlüsselfrage* für die Existenzsicherung einer bäuerlichen Struktur, die den wirt-

schaftlichen, sozialen und ökologischen Zukunftsaufgaben der Landwirtschaft entspricht. Ihre Erhaltung ist bei weiter steigender Produktivität und großen Produktionsreserven über die Preispolitik allein nicht möglich.

Die Grundentscheidung dafür ist zunächst eine am Marktgleichgewicht orientierte *Preispolitik*, selbstverständlich unter Beibehaltung des gemeinsamen Außenschutzes im System der EG-Agrarpolitik. Bemühungen um das Marktgleichgewicht durch Kontingentierung weiterer Produkte muß energisch entgegengetreten werden. Sie ist bei Milch und Zuckerrüben über die Verarbeitungsbetriebe möglich, würde aber bei anderen Produkten in einen heillosen Dirigismus führen, der die Landwirtschaft immer weiter von der marktwirtschaftlichen Ordnung entfernt und den Bauern die Selbständigkeit und Freude am Beruf nimmt.

Die Marktordnungskosten und Subventionen für die deutsche Landwirtschaft sind weit höher als die Einkommen aller Landwirte. Durch eine stärkere Marktorientierung der Preise sind Überschüsse und Kosten zu vermindern, um Mittel für *direkte Einkommensbeiträge* freizusetzen und ihre sozial gerechtere und ökologisch sinnvollere Verteilung zu ermöglichen.

Produktionsneutrale, flächengebundene Vergütungen sollten die *Umweltleistungen* der Bauern honorieren und zu einer Grundsicherung beitragen. Ihre Bemessung sollte nach einem Ordnungsrahmen mit eindeutigen Kriterien für die Wirtschaftsweise und die entsprechende Sicherung der ökologischen Leistungen der Landwirte erfolgen.

4. *Die alternativen Landwirte mit bewußt biologischer Wirtschaftsweise* haben beispielhafte unternehmerische Leistungen erbracht und können die Richtung einer wirtschaftlich und zugleich ökologisch wünschenswerten Wirtschaftsweise weisen.

136

Gesamtwirtschaftlich betrachtet stehen ihren etwas höheren Produktionskosten die hohen Marktordnungskosten der konventionellen Betriebe gegenüber. Um so mehr wäre ihre besondere Berücksichtigung im Rahmen der kombinierten Einkommenspolitik zu rechtfertigen. Darüber hinaus liegt die besondere Bedeutung der alternativen Landwirtschaft in den höheren Qualitäten ihrer Erzeugnisse und den positiven Umweltwirkungen.

Gewiß kann nicht mit einer kurzfristigen Umstellung der gesamten Landwirtschaft auf alternative Bewirtschaftung gerechnet werden, doch sollte sie mindestens in alle *Fördermaßnahmen* voll einbezogen werden, die der Extensivierung und Pflege der Flächen dienen. Als ein erster richtiger Schritt ist die Förderung der Umstellung von Betrieben auf alternative Bewirtschaftung im Rahmen des Extensivierungsprogrammes vom Sommer 1989 zu begrüßen. Auch für die Wirtschaftsberatung und Ausbildung könnten alternative Betriebe als wertvolle Beispiele einer naturgerechten Wirtschaftsweise dienen.

5. *Erwerbskombinationen gewinnen wachsende Bedeutung.*
Mehrfachbeschäftigung in Verbindung mit Eigentum an Grund und Boden gibt den Menschen im ländlichen Raum Gelegenheit für eigenverantwortlich unternehmerisches Handeln, den Familien für ein Leben in Verbindung mit der Natur. Landwirtschaft mit Zuerwerb oder im Nebenberuf verursacht auch weniger Überschüsse und Umweltbelastungen, und bei abnehmender Anzahl der hauptberuflichen Landwirte ist die Bewirtschaftung und Pflege der Flächen in vielen Regionen schon heute nur noch nebenberuflichen Landwirten zu verdanken.

Allzu lange sind nebenberufliche Landwirte als Bauern zweiter Klasse angesehen worden. Ihre *gleichwertige Behandlung* in der Agrarpolitik ist ein wichtiges Ziel. Dafür sind die bisherigen Benachteiligungen bei verschiedenen Gesetzen und Fördermaßnahmen abzubauen und die Bauern mit Erwerbskombinationen in alle Förderprogramme voll einzubeziehen, die der Einkommenssicherung bäuerlicher Betriebe sowie der Bewirtschaftung der Flächen und der Pflege von Umwelt und Natur dienen.

6. *Gesellschaftspolitisches Hauptziel der Strukturentwicklung* muß die Existenzsicherung möglichst vieler bäuerlicher Betriebe und eine breite Verteilung von Grund und Boden in einer gesunden Umwelt sein.

Dabei ist *Strukturwandel als umfassender Begriff* für Veränderungen in verschiedenen Richtungen zu verstehen und nicht wie bisher allein als Strukturschrumpfung. Es kann um Aufstockung oder Abstockung von Flächen gehen, um Abbau überhöhter Tierbestände, um Umgestaltung bisher spezialisierter Marktfruchtbaubetriebe durch Einbeziehung der Tierhaltung und größere Vielfalt in der Bodennutzung, schließlich im Übergang von der hauptberuflichen Bewirtschaftung zu Erwerbskombinationen.

Fördermaßnahmen sind vor allem auf bäuerliche Betriebe auszurichten, die im natürlichen Verbund von Bodennutzung und Tierhaltung, mit weitgehend organischen Nährstoffkreisläufen wirtschaften und dafür einem bestimmten Ordnungsrahmen entsprechen.

Investitionshilfen sollten nicht zur Intensivierung und Vergrößerung, sondern nur zur Schaffung arbeitswirtschaftlicher Erleichterungen von Betrieben führen und damit indirekt der Erhaltung bäuerlicher Betriebe dienen, die unter besonderen arbeitswirtschaftlichen Schwierigkeiten zu leiden haben, wie etwa der Lage in beengten, alten Dörfern.

7. *Erhaltung »auslaufender« Betriebe.*
Die traditionellen Gewohnheiten der Generationenfolge im bäu-

erlichen Bereich sind heute nicht mehr selbstverständlich, zumal die frühere Abgeschlossenheit der ländlichen Räume nicht mehr besteht und dort auch breite Ausbildungsmöglichkeiten aller Art gegeben sind, die neue Interessen wecken. Wenn daher in vielen Betrieben keine Hofnachfolger aus der eigenen Familie vorhanden sind, müßten die Betriebe deshalb aber nicht ganz aufgegeben werden. Auch im Handwerk und in anderen, vergleichbaren Berufen kommen die Nachfolger nicht immer aus der eigenen Familie.

Wir sollten uns auch in der Landwirtschaft von alten Vorstellungen lösen und ein Programm entwickeln, das den *Zugang junger Menschen* in landwirtschaftliche Betriebe ohne direkte Erben erleichtert. Auch mancher alte Bauer mag froh sein, nicht das langsame Auslaufen seines Betriebes, sondern einen neuen Anfang mitzuerleben.

Die bereits bestehenden Jungbauernhilfen sind ein erster kleiner, aber noch allzu bescheidener Anfang. Für die Erhaltung unserer bäuerlichen Struktur ist die Entwicklung eines größeren Programmes erwünscht, das jungen Menschen mit besonderen Neigungen für den bäuerlichen Beruf auch ohne eigenes Vermögen den Weg dorthin öffnet.

8. *Radikaler Abbau von Massentierhaltungen.*
Die Konzentration der Tierbestände mag durch die Kostendegression der größeren Produktionseinheiten betriebswirtschaftliche Vorteile haben. Bei Berücksichtigung ihrer *externen Kosten* sähe die Rechnung anders aus: Diese sind unmittelbar kumulierende Belastungen der Umwelt, insbesondere von Böden und Wasser, indirekt kommen die Nachteile aus dem Verdrängungsprozeß gegenüber den bäuerlichen Betrieben mit bodengebundener naturgerechter Tierhaltung hinzu. Schließlich sind auch die negativen Auswirkungen der unnatürlichen Haltungsbedin-

gungen und der Beigaben chemischer Mittel auf die Qualität und Gesundheit der Nahrungsmittel nicht unbedenklich.

Der konsequente *Abbau überhöhter Tierbestände* ist eine vordringliche Aufgabe. Erste Schritte dafür sollten Obergrenzen nach Betrieben und Flächen bei allen Förderungsmaßnahmen sein, mit dem langfristigen Ziel einer artgerechten, bodengebundenen Tierhaltung. Das Strukturgesetz vom Sommer 1989 schien dafür zunächst ein guter Anfang zu sein, es wurde durch die auf Druck des Bauernverbandes erfolgte Anhebung der Bestandsgrenzen leider völlig verfälscht. Die Entwicklung in den Niederlanden sollte für Europa eine Warnung sein, nachdem die Gefahren der konzentrierten Massentierhaltungen für die Umwelt und insbesondere die Wasservorräte dort erkannt sind und zu einschneidenden Maßnahmen zwingen.

Nach der Festsetzung von Obergrenzen für die laufenden Förderungsmaßnahmen ist für die weitere Entwicklung der Tierhaltung ein *Stufenplan* für den Abbau der Bestände erforderlich. Erfahrungen aus der Schweiz mit einer entsprechenden Übergangszeit von 10 Jahren könnten dafür nützlich sein.

9. *Die »Verbesserung der Marktstruktur« muß überdacht werden.*
Auf dem Gebiet der Vermarktung geht die Entwicklung in verschiedene Richtungen:

▷ Einerseits kommt das wachsende Bewußtsein der Bevölkerung für den Gesundheitswert der Nahrungsmittel den Bauern entgegen, die naturgerecht wirtschaften und um die *Selbstvermarktung frischer Qualitätsprodukte* bemüht sind. So kommt es zur Herausbildung von regionalen Besonderheiten und zu unmittelbaren Marktverbindungen auf örtlicher Ebene, die für Erzeuger und Verbraucher wertvoll sind und auch das gegenseitige Verständnis fördern.

▷ Andererseits wird im Rahmen der EG-Agrarstrukturpolitik eine bedenkliche *Konzentration von Verarbeitungsbetrieben* gefördert. Die Vergrößerung von Molkereien, Schlachthöfen und Zuckerfabriken mag betriebswirtschaftliche Vorteile haben, ob aber die weiteren Auswirkungen immer voll durchdacht werden, scheint fraglich. Die größeren Einzugsgebiete erfordern weitere Transporte und Kosten, führen zu umweltbelastenden Verkehrsleistungen und verlangen besondere Investitionen bei den Bauern. In den ländlichen Räumen werden durch die Konzentration der Verarbeitungsbetriebe kleine Unternehmen und Arbeitsplätze zerstört. Zudem schwächt die zunehmende Konzentration die Stellung der Landwirte den Großunternehmen gegenüber und macht es den Genossenschaften immer weniger möglich, den kleinen und mittleren Bauern die wirtschaftlichen Hilfestellungen zu geben, um deretwillen sie einst ins Leben gerufen wurden.

Wenn als Begründung der Konzentration die Verbesserung der Wettbewerbsstellung der Unternehmen im größeren europäischen Markt angegeben wird, muß auch die Gegenfrage gestellt werden, wie sich die Konzentration auf die *Qualität der Nahrungsmittel* auswirkt. Will der gesundheitsbewußte Verbraucher wirklich europäische Einheitsprodukte, die für Verarbeitung, Lagerung und einheitliche Großangebote mit besonderen Mitteln haltbar gemacht und durch ganz Europa transportiert werden? Sollte sich eine Wohlstandsgesellschaft nicht gerade eine qualitativ hochwertige, kultivierte Ernährung in der Vielfalt der regionalen Besonderheiten und Spezialitäten leisten können? Es wäre wohl an der Zeit, die »Verbesserung der Marktstruktur«, wie das EG-Förderprogramm heißt, gründlich zu überdenken und für die Brüsseler Subventionen sinnvollere Verwendungsmöglichkeiten zu suchen.

10. *Landwirtschaft und ländlicher Raum.*

Der ländliche Raum ist Teil unserer kulturellen Tradition. Er hat erhebliche Bedeutung auch für die zukünftige Lebensgestaltung großer Teile der Bevölkerung, die bei zunehmender Freizeit und Mobilität in Verbindung mit der Natur leben will.

Das Erscheinungsbild des ländlichen Raumes wird weitgehend durch die Landwirtschaft bestimmt, ihr Beitrag für die dortige Wirtschaftsstruktur wird jedoch weitgehend überschätzt. In den vergangenen Jahrzehnten hat sich ein großer Strukturwandel von der früher agrarischen Prägung zur *gesamtwirtschaftlichen Entwicklung* in den ländlichen Regionen vollzogen. Der Anteil des Agrarsektors am Bruttoinlandsprodukt liegt in der Bundesrepublik nur noch bei 2%, er erreicht in den Landkreisen allenfalls 10%, in Regionen mit ungünstigen natürlichen Produktionsbedingungen kaum 3 bis 5%.

Insofern darf ein weiterer Strukturwandel der Landwirtschaft in seinen wirtschaftlichen Auswirkungen nicht überschätzt werden. Seine Bedeutung liegt vielmehr in Veränderungen der Umwelt und der *Lebensbedingungen* für die ländliche Bevölkerung. Und dafür ist die Agrarpolitik entscheidend: Kommt es durch Stillegung von Flächen und Betrieben zur Bildung verödeter Gebiete, oder wird die bäuerliche Kultur und Landschaft weiterentwickelt und auch für die Zukunft gesichert?

Von einer kultivierten Umgebung werden aber die Entscheidungen der ländlichen Bevölkerung beeinflußt, ob sie das Leben in der Region bejahen, die Entscheidungen der Unternehmer aus anderen Wirtschaftssektoren, ob sie dort investieren und neue Betriebe und Arbeitsplätze schaffen. So gewinnt die Ausrichtung der Agrarpolitik auch für die Erhaltung der Lebensbedingungen und unseres großen kulturellen Erbes im ländlichen Raum weitreichende Bedeutung.

Föderative Grundsätze in der EG-Agrarpolitik

Im einheitlichen Binnenmarkt der Europäischen Gemeinschaft wird auch in Zukunft eine gemeinsame Agrarmarkt- und Preispolitik mit freiem Austausch von Agrarprodukten im Innern und einem gemeinsamen Außenschutz erforderlich sein. Mit diesem in den sechziger Jahren geschaffenen Marktordnungssystem hat der Agrarsektor eine Sonderstellung in der marktwirtschaftlichen Ordnung der Gemeinschaft. Sie ist in den besonderen natürlichen Produktionsbedingungen der Landwirtschaft begründet, in ihrer doppelten Aufgabenstellung in der Agrarproduktion und der Pflege von Umwelt und Naturhaushalt.

Die Agrarpolitik war anfangs die erste gemeinschaftliche Politik, und alle Beschlüsse zu ihrer Gestaltung wurden als wesentliche Schritte zur Weiterentwicklung der Europäischen Gemeinschaft gewertet. Aber gerade diese Situation hat zu manchen Fehlentscheidungen beigetragen, die jeweils von den Agrarministern mit übergeordneten Interessen der europäischen Integration und Abwehr einer drohenden Renationalisierung verteidigt wurden. So gerieten sie immer tiefer in den Dirigismus, und aus den ursprünglichen Sonderregelungen einzelner Länder entstand ein in der Welt beispielloses Protektionssystem, ein Fremdkörper in der marktwirtschaftlichen Ordnung, der reichlich zwei Drittel der gesamten Finanzmittel der Gemeinschaft verschlingt, seine sozialen Ziele im Innern verfehlt und nach außen zunehmende politische Spannungen verursacht.

Ein besonders *kritischer Bereich ist die gemeinsame Agrar-*

strukturpolitik. Die ersten Entscheidungen für gemeinsame Förderungsmaßnahmen zur Verbesserung der Agrarstruktur waren gewissermaßen Ersatzhandlungen für fehlende Fortschritte der Politik auf anderen, wichtigeren Gebieten. Sie haben zu einer Entwicklung geführt, die den Grundsätzen einer föderativen Gemeinschaft widerspricht. In der Strukturförderung mit Mitteln des EG-Agrarfonds, Abteilung Ausrichtung, werden Entscheidungen getroffen, die in der Bundesrepublik nicht Sache der Bundesregierung wären, sondern allenfalls in die Gemeinschaftsaufgabe von Bund und Ländern oder sogar in die Kompetenzen nachgeordneter Dienststellen gehören.

Ein Beispiel dafür ist die Zuteilung von Zuschüssen für 46 deutsche Projekte zur »Strukturverbesserung« durch die Kommission Ende 1989. Unter anderem lassen sich Großunternehmen für die Erweiterung von Getreidelagerstätten Zuschüsse von 50000 DM und mehr bewilligen. Nicht auszudenken der bürokratische Aufwand, von der Schaffung vergleichbarer Unterlagen für die Antragstellung, die Prüfung und Weiterleitung über mehrere Stufen bis nach Brüssel und dem dortigen »Abwägen« des agrar- und europapolitischen Nutzens. Der bürokratische Aufwand für viele Projekte mag mehr kosten als der Zuschuß, und man fragt sich, ob Genossenschaften mit Milliardenumsätzen die Modernisierung eines Getreidelagers ohne einen Zuschuß von 76500 Mark nicht durchführen können. Bestenfalls geht es um »Mitnahmeeffekte« für den einzelnen, mit hohen finanziellen Belastungen für die Gemeinschaft. Das Ganze ist grober Unfug.

Negative politische Auswirkungen sind Folge solcher zentralen Entscheidungen. Sie geben der Gemeinschaft ein negatives Image, die Bauern sehen in der Kommission eine Bürokratie, die aus großer Entfernung lebensfremde Entscheidungen trifft. Darüber geht der Blick auf die großen Aufgaben des gemeinsamen Europa allzuleicht verloren.

144

Das System wird mit der Aufgabe der Schaffung gleicher Wettbewerbsbedingungen verteidigt. Aber das ist eine Illusion, denn die *strukturellen Unterschiede im Agrarsektor* sind größer als in allen anderen Bereichen:

▷ Natur und Klima stellen den Landwirten vom Nordatlantik über die Alpen bis zum Mittelmeer überall völlig verschiedene Aufgaben.

▷ Aus den besonderen historischen Entwicklungen sind sehr verschiedene Sozialstrukturen und Lebensverhältnisse der ländlichen Bevölkerung hervorgegangen.

▷ Auch im gesamtwirtschaftlichen Entwicklungsstand und Einkommensniveau der Länder bestehen große Unterschiede.

Diese große *Vielfalt ist der Reichtum Europas*, die Grundlage seiner demokratischen Verfassung und einer Wirtschaft, die auf der unternehmerischen Entscheidungsfreiheit beruht. Und sie ist das Ergebnis wechselvoller geschichtlicher Prozesse, die in den Sozialstrukturen und Lebensanschauungen der europäischen Völker nachwirken und auch in der weltweit einzigartigen europäischen Kulturlandschaft ihren Ausdruck gefunden haben.

Heute geht mit dem Willen der Völker, alle Gegensätze in einer gemeinsamen Politik zu überwinden, der Wunsch einher, kulturelle Eigenheiten in den Regionen weiterzuentwickeln. Und so wird es eine Zukunftsaufgabe sein, in den verschiedenen Politikbereichen das richtige Ausmaß von zentralen Entscheidungen und eigenen Handlungsspielräumen der Länder und Regionen zu finden. Die Bundesrepublik Deutschland könnte dafür in ihrem föderativen Aufbau ein Beispiel sein.

Aus den deutschen Erfahrungen könnten auch gewisse Rückschlüsse auf die *Gestaltung der gemeinsamen Agrarpolitik* gezogen werden. Die strukturellen Unterschiede gehen auf historische Entwicklungen und verschiedene Naturbedingungen zurück. So bestehen beispielsweise in Schleswig-Holstein andersartige Strukturen und Auffassungen über die wünschenswerte Entwicklung als in den süddeutschen Ländern. Und natürlich stellen die norddeutschen und die Alpenregionen auch unterschiedliche Anforderungen an die Strukturpolitik. Im weiten Raum vom Atlantik bis zum Mittelmeer sind die Unterschiede in den strukturellen und natürlichen Bedingungen und damit auch in den strukturpolitischen Aufgaben noch weit größer.

Die *agrarpolitischen Schlußfolgerungen* zielen in verschiedene Richtungen:

Für die *Preis- und Marktpolitik* gilt nach wie vor, daß die Landwirtschaft auf Grund ihrer Abhängigkeit von den natürlichen Produktionsbedingungen nicht völlig dem freien Wettbewerb ausgesetzt werden kann, so daß ein *Marktordnungssystem mit zentralen Entscheidungen* in den Rahmendaten erforderlich bleibt, das den Freiverkehr mit Agrarprodukten im Innern zu einheitlichen Preisen und bei einem gemeinsamen Außenschutz absichert.

Für die *Strukturpolitik* führt die Abhängigkeit von den natürlichen Produktionsbedingungen zur gegenteiligen Forderung nach einer *Dezentralisierung* der Entscheidungen in Anpassung an regionale und örtliche Unterschiede. Während die gewerbliche Wirtschaft überall gleiche Techniken anwenden kann, ist die Schaffung gleicher Wettbewerbsbedingungen in der Landwirtschaft völlig unmöglich. Die derzeitige Diskussion um eine Schaffung einheitlicher Betriebsgrößen in Hektar zeigt nicht viel Verständnis für die Realitäten.

Die Konsequenz ist eine *abgestufte Gestaltung der Zuständigkeiten* in der europäischen Gemeinschaft:

Dabei sind in der *Einkommenspolitik* die unterschiedlichen wirtschaftlichen, sozialen und ökologischen Voraussetzungen und Ziele zu berücksichtigen. Dafür ist oberhalb der durch die gemeinsame Preispolitik geschaffenen Basis an eine Finanzierung weitgehend aus nationalen Mitteln zu denken. Einkommensbeiträge sollten auch die umweltpolitischen Leistungen der Bauern vergüten und eine Anpassung an das allgemeine Einkommensniveau der einzelnen Länder ermöglichen. Bei ihrer Bemessung müssen ökologische und wirtschaftliche Kriterien miteinander verbunden werden. Die Bauern bewerten ihre Lebensverhältnisse nach denen in ihrer sozialen Umwelt. Und in Ländern mit hohem Einkommensniveau ist auch mit der entsprechenden Finanzkraft für Vergütungen an die Landwirtschaft zu rechnen, zumal diese unter den bisherigen Marktordnungskosten bleiben dürften.

In der *Agrarstrukturpolitik* sollte sich die EG auf Rahmenrichtlinien beschränken, die den Mitgliedstaaten in der Strukturförderung einen weiten Spielraum geben und die Entscheidungen im einzelnen den ortsnahen, nationalen und regionalen Institutionen überlassen. Dabei muß es mehr um eine Gesamtentwicklung der ländlichen Räume gehen, die der Vielfalt der strukturellen Voraussetzungen und menschlichen Vorstellungen Raum gibt und Aufgaben der Umweltpolitik, der regionalen Wirtschaftspolitik und der Mehrfachbeschäftigung in der Landwirtschaft und anderen Wirtschaftsbereichen in die Förderung einbezieht. Praktisch werden die Alpenländer andere Ziele verfolgen als die nordeuropäischen Flächenstaaten.

In der *regionalen Wirtschaftspolitik* sollten die Aufgaben auf zwei Ebenen gesehen werden. Einerseits ist die Auswahl besonders wirtschaftsschwacher Regionen für eine Entwicklungspolitik mit Mitteln der Gemeinschaft an EG-Durchschnittskriterien zu orientieren. Andererseits sollten die Mitgliedstaaten über ihre Förderpolitik nach nationalen Maßstäben entscheiden können. Die Standortentscheidungen der Menschen für ihre Wohnsitze, die der Unternehmen für ihre Betriebe werden auch im gemeinsamen Europa von den Strukturen und Lebensbedingungen innerhalb ihrer Länder bestimmt.

In der *Umweltpolitik* heißt es, global zu denken und örtlich zu handeln. In gemeinsamen Richtlinien sind Bestimmungen für die Zulassung und Anwendung von Hilfsstoffen sowie Grenzwerte für Belastungen von Boden, Grundwasser und Nahrungsmitteln festzulegen, die dann auch in die Einkommenspolitik und die Strukturförderung eingehen müssen. Die Wahl der ökologisch richtigen Produktionsformen ist dann eine individuelle Entscheidung.

Die dringend erforderliche *Reform der Agrarfinanzierung* muß so gestaltet werden, daß die Länder das Interesse an der Steigerung ihrer Agrarproduktion auf Kosten der Gemeinschaft verlieren und daß Entscheidungen der Agrarminister unmöglich werden, die praktisch auf eine Selbstbedienung mit Gemeinschaftsmitteln zugunsten ihrer heimischen Klientel hinauslaufen. Die begonnene Plafondierung von Marktordnungsausgaben und die Erhebung von Mitverantwortungsabgaben geht bereits in diese Richtung. Es ist zu hoffen, daß eine marktgerechtere Preispolitik zur Verringerung der Kosten führt, insbesondere bei Getreide, während die Kosten bei Milch dadurch entstehen, daß die Quoten noch viel zu weit über dem Selbstversorgungsgrad der Gemeinschaft liegen.

In der Agrarstrukturpolitik sollte mit der Dezentralisierung der Entscheidungen auch die bisherige Teilfinanzierung aller Maßnahmen aus Gemeinschaftsmitteln aufgegeben werden. Die Subventionen verleiten die Mitgliedstaaten zu weniger wichtigen Maßnahmen, die EG-Kommission zu einer fragwürdigen Vereinheitlichung.

Anders sind die großen *Unterschiede im gesamtwirtschaftlichen Entwicklungsstand* der Regionen zu beurteilen. Sie konnten seit Beginn der EG kaum verringert werden, zumal die ursprüngliche Hoffnung, wirtschaftsschwache Agrarregionen durch Steigerung der Agrarproduktion in den allgemeinen Wachstumsprozeß einzubeziehen, völlig unrealistisch war und nur die Überschußbildung und Vergeudung von Mitteln gefördert hat. Inzwischen sind die regionalen Unterschiede im Einkommensniveau und wirtschaftlichen Entwicklungsstand durch die Süderweiterung der Gemeinschaft noch weiter vergrößert worden. Infolgedessen geht es um eine *Schwergewichtsverlagerung von Mitteln auf eine gesamtwirtschaftliche Erschließungspolitik* ländlicher Regionen, die im Gesamtinteresse der Gemeinschaft liegt: Einerseits sollten die Interessen der Mittelmeerländer vom Agrarsektor auf die Entwicklung anderer Wirtschaftsbereiche in ihren ländlichen Regionen umgeleitet werden. Andererseits würde die Anhebung der Kaufkraft in den wirtschaftsschwachen Regionen der wirtschaftlichen Entwicklung in der gesamten Gemeinschaft zugute kommen. Arme Nachbarn sind auch für die wohlhabenderen Länder kein Vorteil.

Übergeordnete Aufgabe wäre die Schaffung eines *echten Finanzausgleiches* mit größerer Verteilungsgerechtigkeit in der Gemeinschaft, der zugleich der Selbstverantwortung und Eigeninitiative der Länder und Regionen Raum gibt, wie sie einer föderativen Gemeinschaft entsprechen. Sie wird viel politische Kraft erfordern.

Anmerkungen

[1] Vgl. von der Groeben, Hans: Entwicklungslinien der Gemeinsamen Agrarpolitik, In: *Landwirtschaft, Umwelt und ländlicher Raum*. Festschrift für Hermann Priebe, hg. von W. von Urff und H. von Meyer. Baden-Baden, Nomos, 1987.

[2] Vgl. Priebe, Hermann: Der Fehlstart mit dem Getreidepreis, In: *Die Subventionierte Unvernunft*, 3. Aufl. Berlin, Siedler, 1988, S. 67 ff. und Weinstock, Ulrich: Der zu hoch festgesetzte Getreidepreis und die Folgen – Rückschau auf ein Vierteljahrhundert deutscher Politik in der Gemeinschaft, In: *Landwirtschaft, Umwelt und ländlicher Raum*. Festschrift für Hermann Priebe, hg. von W. von Urff und H. von Meyer. Baden-Baden, Nomos, 1987.

[3] *Statistisches Jahrbuch über Ernährung, Landwirtschaft und Forsten*. Bonn, 1969, S. 143.

[4] Der Rat von Sachverständigen für Umweltfragen: *Sondergutachten: Umweltprobleme der Landwirtschaft 1985*. Ziff. 309–313 u. 1250.

[5] *Gutachten des Wissenschaftlichen Beirates beim BML*. Februar 1989, S. 13.

[6] Der Rat von Sachverständigen für Umweltfragen: *Sondergutachten: Umweltprobleme der Landwirtschaft 1985*. Ziff. 309–313 u. 1250.

[7] Kommission der Europäischen Gemeinschaft, GD XI (1988): *Proposal for a Council Directive on Community measures concerning the protection of fresh, coastal and marine waters against pollution caused by nitrates from diffuse sources*. Doc. XI/860/88.

[8] Wicke, Lutz: *Die ökologischen Milliarden*. München, Kösel, 1986.

[9] Vgl. Grossklaus, Dieter (Präsident des Bundesgesundheitsamtes): *Rückstände in von Tieren stammenden Lebensmitteln*. Berlin, Parey, 1989.

[10] Popp, Fritz-Albert: Biophotonen-Analyse der Lebensmittelqualität, In: *Lebensmittelqualität, Ganzheitliche Methoden und Konzepte*. Hg. von A. Meyer-Ploeger und H. Vogtmann. Karlsruhe, C. F. Müller, 1989.

[11] Bircher-Benner (Arzt und Ernährungsforscher): *Organisation der Nahrungsenergie*. Zürich 1936. Vgl. dazu auch: Popp, F. A.: *Neue Horizonte in der Medizin*. Heidelberg, 1983.

[12] *Betriebswirtschaftliche Mitteilungen der Landwirtschaftskammer Schleswig-Holstein*. 1988, Nr. 399, S. 8.

[13] Zum Thema: Priebe, Hermann: *Leben in der Stadt oder auf dem Land, mehr Lebensqualität durch sinnvolle Raumgestaltung*. Frankfurt/M., Ullstein, 1985.

[14] *Die Zukunft des ländlichen Raums*. Mitteilungen der Kommission an das Europäische Parlament, Bulletin der EG, Beilage 4/88.

[15] Priebe, H. und Knickel, K. W.: *Neuausrichtung der Agrarstrukturpolitik für den ländlichen Raum*. Gutachten für das Bundesministerium für Raumordnung, Bauwesen und Städtebau, i. R. der Europäischen Kampagne ländlicher Raum, Frankfurt/M. 1988.

[16] Vgl. Priebe, H.: *Die subventionierte Unvernunft*, 3. Aufl. Berlin, Siedler, 1988, S. 190ff. sowie Anmerkungen dazu auf S. 327.

[17] Vgl. Haber, W.: Eine andere Umwelt als Ziel, In: *Bayerisches Landwirtschaftliches Jahrbuch*. Sonderheft 1, 1989, S. 41–47.

[18] Staatssekretär Eisenkrämer in BMELF-Informationen vom 16.5.1989.

[19] Koester, U. und Tangermann, S.: Alternativen der Agrarpolitik, In: *Landwirtschaft – Angewandte Wissenschaft*, Heft 182, 1976.

[20] *Die agrarwirtschaftliche Integration Europas*. Band 6 der Schriftenreihe »Möglichkeiten und Grenzen einer europäischen Integration«, hg. von H. von der Groeben und H. Möller. Baden-Baden, Nomos, 1979.

[21] *Agra Europe* 1/2 1988, Kurzmeldungen S. 23.

[22] *EG-Durchführungsbestimmungen für vorübergehende Einkommenshilfen*. Verordnung 3813/89 der EG-Kommission vom 19.12.1989.

[23] Standard-Betriebseinkommen (StBE) = Einkommen zur Kennzeichnung der wirtschaftlichen Größe der Betriebe. Nähere Definition in den Agrarberichten.

[24] Vgl. Haber, W.: Eine andere Umwelt als Ziel, In: *Bayerisches Landwirtschaftliches Jahrbuch*. Sonderheft 1, 1989, S. 41–47.

[25] Wicke, Lutz: *Die ökologischen Milliarden*. München, Kösel, 1986.

[26] Weber, A.: Energieeinsatz und Energieumwandlung in der deutschen Landwirtschaft – Rückblick und Ausblick, In: *Schriftenreihe des Agrarwirtschaftlichen Fachbereiches der Universität Kiel*. 1979, Heft 60.

[27] Verbrauch von Stickstoff zur Düngung in der Landwirtschaft, In: *Staat und Wirtschaft in Hessen*. Nr. 6/1989.

[28] Für 1951/52 aus: *Ertrags-Aufwandsvergleich in der westdeutschen Landwirtschaft*. Ifo-Institut 1954. Weitere Angaben aus Agrarberichten.

[29] *Untersuchungen des Instituts für ländliche Strukturforschung* in Frankfurt/Main in praktischen Betrieben.

Literatur

Diercks, R.: *Alternativen im Landbau.* Ulmer, Stuttgart, 1983.

v. d. Groeben, H.: *Aufbaujahre der Europäischen Gemeinschaft.* Nomos, Baden-Baden, 1982.

Haber, W.: *Eine andere Umwelt als Ziel.* Bayerisches Landwirtschaftliches Jahrbuch, Sonderheft 1, 1989, S. 41–47.

Kaule, G.: *Arten- und Biotopschutz.* Stuttgart, 1986.

von Meyer, H.: Wirkungslose Umweltpolitik – Umweltwirksame Agrarpolitik. In: *Zeitschrift für Umweltpolitik,* 6. Jg. (1983), H. 4, S. 363–387.

Priebe, H.: *Die subventionierte Unvernunft,* 3. Aufl. Siedler, Berlin, 1989.

Priebe, H.: *Landwirtschaft in der Welt von morgen.* Econ, Düsseldorf, 1970.

von Urff, W. u. Zapf, R. (Hrsg.): *Landwirtschaft und Umwelt – Fragen und Antworten aus Sicht der Wirtschafts- und Sozialwissenschaften des Landbaus.* Schriften der Gesellschaft für Wirtschafts- und Sozialwissenschaften des Landbaus e. V. Bd. 23, Münster-Hiltrup, 1987.

von Urff, W. u. von Meyer, H. (Hrsg.): *Landwirtschaft, Umwelt und ländlicher Raum – Herausforderungen an Europa.* Baden-Baden, 1987.

Vester, F.: *Neuland des Denkens.* DVA, Stuttgart, 1980.

Weber, A.: Energieeinsatz und Energieumwandlung in der deutschen Landwirtschaft – Rückblick und Ausblick. In: *Schriftenreihe des Agrarwissenschaftlichen Fachbereiches der Universität Kiel.* Heft 60, 1979.

Weinschenck, G.: Der ökonomische oder der ökologische Weg? In: *Agrarwirtschaft.* 35. Jg., 1987, S. 321–328.

von Weizsäcker, E. U.: *Erdpolitik, Ökologische Realpolitik.* Wissenschaftliche Buchgesellschaft, Darmstadt, 1989.

Wicke, L.: *Die ökologischen Milliarden.* Kösel, München, 1986.

Bundesministerium für Ernährung, Landwirtschaft und Forsten: *Statistisches Jahrbuch über Ernährung, Landwirtschaft und Forsten der Bundesrepublik Deutschland.* Jährlich, Münster-Hiltrup.

Bundesministerium für Ernährung, Landwirtschaft und Forsten: *Agrarberichte.* Jährlich, im Februar.

Rat von Sachverständigen für Umweltfragen: *Sondergutachten Umweltprobleme der Landwirtschaft, 1985.* Bundestagsdrucksache 10/3613, Kohlhammer, Stuttgart, 1985.

Kommission der Europäischen Gemeinschaften: *Die Lage der Landwirtschaft in der Gemeinschaft – Bericht 1988.* Brüssel – Luxemburg.

Register

157

Wolf Jobst Siedler

Stadtgedanken

Die Architekturträume der Nachkriegszeit sind uns so ferngerückt wie die geflochtenen Drahtsesselchen Ludwig Erhards und die Tütenlampen, mit denen Konrad Adenauer seinen Sonderzug ausstaffierte. Es ist banal geworden, dagegen zu polemisieren und die Ideale von gestern zum Spott zu machen. Der ganze postmoderne Aufbruch des letzten Jahrzehnts ist ein einziger Beleg für dieses Umschlagen des Epochenklimas.

Wolf Jobst Siedler, der in seiner »Gemordeten Stadt« vor einem Vierteljahrhundert die falschen Hoffnungen des Neuen Bauens als erster attackierte, fragt in dieser neuen Sammlung von Essays, ob wir nicht in eine nachstädtische Situation eingetreten sind. Nicht eine Theorie des modernen Städtebaus sei an ihr Ende gekommen, sondern das Stadterlebnis als solches, so daß die städtische Zivilisation im automobilistischen Zeitalter endgültig der Vergangenheit angehöre. Der Kampf gegen die Erscheinungsformen der neuen Epoche sei nur Spiegelfechterei.

In seinem neuen Band fragt er, ob Münchens Neu-Perlach oder Berlins Märkisches Viertel nicht der exakte Ausdruck einer Gesellschaft sei, deren Symbol nicht der Marktplatz, sondern der Parkplatz ist.

Ein Siedler Buch bei Goldmann
Originalausgabe
ISBN 3-442-12801-3